接触网作业车、轨道车乘务员

方金海　主编

李志峰　主审

中国铁道出版社

2008年·北　京

内 容 简 介

本书采用问答的形式，包含接触网作业车、轨道车专业知识，介绍了 JW-3A 型接触网作业车和 JY290-10 型轨道车康明斯发动机，JZ-7 型、H-6 型空气制动机，接触网作业车、轨道车操纵及保养，应急故障处理，防火与防寒，事故救援等内容。本书重点突出、方便考工与自学使用。

本书可供接触网作业车及轨道车乘务员、检修人员学习使用，也可供工程技术人员及司机学校师生参阅。

图书在版编目(CIP)数据

接触网作业车、轨道车乘务员/方金海主编．—北京：中国铁道出版社，2008.10

ISBN 978-7-113-09167-5

Ⅰ.接… Ⅱ.方… Ⅲ.轨道车—乘务人员—问答 Ⅳ.U216.61-44

中国版本图书馆 CIP 数据核字(2008)第 149860 号

书　　名：**接触网作业车、轨道车乘务员**
作　　者：方金海　编著

责任编辑：王风雨　　**电话**：73139　　**电子信箱**：tdpress@126.com
封面设计：冯龙彬
责任校对：孙　玫
责任印制：郭向伟

出版发行：中国铁道出版社(100054，北京市宣武区右安门西街 8 号)
网　　址：http://www.tdpress.com
印　　刷：北京鑫正大印刷有限公司
版　　次：2008 年 10 月第 1 版　2008 年 10 月第 1 次印刷
开　　本：787mm×1092mm　1/32　印张：7.875　字数：186 千
印　　数：1～5 000 册
书　　号：ISBN 978-7-113-09167-5/U・2325
定　　价：19.00 元

接触网作业车、轨道车乘务员编委会

前　言

接触网作业车、轨道车乘务员的工作性质决定了其在铁路运营中的重要地位。接触网作业车、轨道车乘务员技术含量高，工作责任大，全面提高这支队伍的素质是机务部门重要的基础管理工作。因而为接触网作业车、轨道车乘务员日常培训和考核提供一套适用性较好、可读性较强的教材是非常必要的。

本书采用了问答形式，简明扼要、通俗易懂，便于全路接触网作业车、轨道车乘务员日常学习和晋升、年度鉴定、定职、定级等使用，可作为接触网作业车、轨道车乘务员学习的培训教材。

本书共分十章，以 JW-3A 型接触网作业车、JY290-10 型轨道车为主体，兼顾了 HM40-2A 型平板车；并依照《电气化铁道接触网综合检修作业车技术条件》(TB/T 2180—2006)，介绍了康明斯发动机，作业平台，JZ-7 型和 H-6 型空气制动机工作原理，平板车使用的 103、104 型分配阀工作原理；重点叙述了接触网作业车、轨道车和制动机的操纵、保养及故障处理。

本书在运输局装备部直接领导下完成。由方金海主编，李志峰主审。书中的第一、六、七章由方金海编写，第五、九、十章由梁红安编写，第二、三、四章由徐涛编写，第七、八章由李青编写。第一章由李志峰审核，第二章由李德胜审核，第三章由聂良柏审核，第四章由江建飞审核，第五章由邓武勇审核，第六章由曾庆文审核，第七章由汪承勇审核，第八章由夏建国审核，第九章由冯义刚审核，第十章由刘国权审核。定稿会于 2008 年 4 月 10 日在武汉铁路局召开，参加会议的武汉铁路局机务处，武汉、襄樊供电段，武汉机车实业公司轨道车修理厂的有关工程技术人员，提出了很多宝贵意见，武汉、襄樊供电段，襄樊金鹰轨道车辆有限公司，武汉机车实业公司轨道车修理厂在书稿编辑中给于大力支持，在此致以衷心感谢。

书中不足之处敬请读者指正。

编　者

2008 年 8 月

目　录

第一章 概 论

第一节 概 述

1.什么是轨道车?

轨道车是用于铁路建设、设备修理、抢险和检查等工作的主要运输设备。含接触网作业车、轨道起重车、牵引轨道车、接触网放线车及轨道平车等特种车辆,统称为轨道车。

2. 简述 JW-3A 型作业车的特点

JW-3A 型接触网作业车主要用于电气化铁路接触网上部设备的安装、维修及日常检查、保养,也可兼作牵引车辆。

该车作业机构主要由升降回转平台和全液压伸缩臂式随车起重机组成,作业机构为全液压驱动,微动性能好,在作业平台的上部和下部均可控制平台的升降、回转。

本车采用两轴车底盘,发动机功率为 216 kW,机械传动,最高运行速度 100 km/h,具有良好的运行稳定性和平稳性,操纵方便灵活、维护方便。

本车安装有 4.2 kW 发电机组,为在作业平台上使用电动工具提供交流电源,另可根据用户要求安装空调和供暖设备以改善司乘环境。

可根据用户要求换装低排放的柴油发动机,以满足城市轻轨或地铁日益严格的环保要求。

3. 简述 JW-4 型作业车的特点

JW-4 型接触网作业车主要用于电气化铁路接触网上部

设施的安装、维修及日常检查、保养，也可兼作牵引动力。该车主要由车架、车体、走行部、动力及传动系统、制动系统、液压系统、电气系统、作业机构等组成。根据用户要求还可安装模拟受电弓、柴油发电机组、空调器、液压低速走行系统、无线列调设备等。

JW-4 型接触网作业车作业机构主要由升降回转平台和全液压伸缩臂式随车起重机组成。作业机构为全液压驱动，微动性能好，在作业平台的上部和下部均可控制平台的升降、回转。

本车发动机功率为 216 kW，可选装 269 kW 发动机，机械传动，最高运行速度 110 km/h，具有良好的运行稳定性和平稳性，操纵方便灵活、维护方便。

4. 简述 JY290-10 型轨道车的特点

JY290-10 型重型轨道车采用重庆—康明斯 NTC-290 型柴油发动机，额定功率为 216 kW，走行部采用两台两轴转向架。

该车两端设操纵台，可双向驾驶，技术成熟，性能可靠，车内空间大，司乘环境好。

动力传动系统技术性能先进，匹配成熟、合理，传动效率高，牵引能力强，维护保养工作量小，易于维修。

走行部结构合理，动力学试验最高运行速度达120 km/h，既满足在高速运行时的稳定性和平稳性要求，又兼顾了牵引性能的发挥。

5. 简述 HM40-2A 型平车的特点

HM40-2A 型轨道平板车采用底架承载的全钢焊接结构，具有足够的强度和刚度，整车有良好的运行稳定性和平稳性，制动性能可靠，维修方便，可由轨道车牵引，装运各种物资、器材、设备。

第二节 技术参数

1. 试述 JW-3A 型作业车技术参数

(1)整车技术参数

轨距	1435 mm
轴距	5 000 mm
轴列式	B
轮径	840 mm
通过最小曲线半径	90 m
最高运行速度	100 km/h
发动机功率	216 kW
传动方式	机械传动
制动方式	空气制动及停车手制动
制动距离	≤400 m(单机、平直道、初速 80 km/h)
车钩型式	2 号机车钩
车钩中心线高(距轨面)	880 mm±10 mm
整备重量	23t
外形尺寸(长×宽×高)	10 800 mm×2 920 mm×4 700 mm
限界	符合 GB 146.1—1983 标准轨距铁路机车车辆限界

(2)牵引性能 见表 1-1 牵引吨位表

表 1-1 JW-3A 型接触网作业车(100 km/h)牵引吨位表

挡位	运行速度(km/h)	轮周牵引力(kN)	各坡道牵引吨位(t)					
			0‰	6‰	12‰	18‰	24‰	30‰
起步	4～8	47.1	1100	450	270	180	140	110
1	8～12	46.0	1100	450	270	180	140	110
2	12～16	37.1	1100	440	230	150	110	80
3	16～22	27.6	1100	320	160	110	70	50
4	22～30	20.5	1100	220	110	70	50	30
5	30～40	15.1	720	150	70	40	30	20
6	40～55	11.0	440	90	40	20	10	—
7	55～74	8.2	250	50	20	10	—	—
8	74～100	6.1	110	20	—	—	—	—

说明：

①本牵引吨位表按照 TB/T 1407—1998《列车牵引计算规程》进行计算；

②起步、1、2、3、4 挡原则上只在起步时使用；

③被牵引车辆按照滚动轴承重载货车计算阻力。

2. 试述 JW-4 型作业车技术参数

(1)整车技术参数

轨距　　1 435 mm

车辆定距　　7 200 mm

固定轴距　　2 400 mm

轴列式　　1A-A1

轮径　　840 mm

通过最小曲线半径　　90m

最高运行速度　　110 km/h

发动机功率　　216 kW/269 kW

传动方式　　机械传动

制动距离　　≤400 m(单机，平直道，初速 80 km/h)

车钩　　2 号机车钩

车钩中心线高度(距轨面) 880 mm±10 mm

整备重量 36t

外形尺寸(长×宽×高) 13 600 mm×3 055 mm×4 600 mm

限界 符合 GB 146.1—1983 标准轨距铁路机车车辆限界

(2)牵引性能 见牵引吨位表

表 1-2 JW-4 型接触网维修作业车(110 km/h)牵引吨位表

挡位	运行速度(km/h)	轮周牵引力(kN)	各坡道牵引吨位(t)					
			0‰	6‰	12‰	18‰	24‰	30‰
起步	4～8	38.5	880	350	200	130	90	70
1	8～12	37.6	880	350	200	130	90	70
2	12～16	36.7	880	350	200	130	90	70
3	16～22	27.3	880	290	150	90	60	40
4	22～30	20.3	880	200	100	50	30	20
5	30～40	14.9	680	130	60	30	10	—
6	40～55	10.9	400	70	20	10	—	—
7	55～74	8.1	210	30	—	—	—	—
8	74～100	6.0	80	—	—	—	—	—

说明：

①本牵引吨位表按照 TB/T 1407—1998《列车牵引计算规程》进行计算；

②起步、1、2、3、4 挡原则上只在起步时使用；

③被牵引车辆按照滚动轴承重载货车计算阻力。

3. 试述 JY290-10 型重型轨道车技术参数

(1)主要技术参数

环境温度 -40℃～45℃

海拔高度 ≤3 000 m(海拔超过 3 000 m 需修正发动机功率)

(2)整车技术参数

轨距 1 435 mm

车辆定距　　　　　　　7 200 mm
固定轴距　　　　　　　2 400 mm
轴列式　　　　　　　　1A—A1
轮径　　　　　　　　　840 mm
通过最小曲线半径　　　90 m
最高运行速度　　　　　100 km/h
发动机功率　　　　　　216 kW
传动方式　　　　　　　机械传动
制动方式　　　　　　　空气制动及停车手制动
制动距离　　　　　　　≤400m(单机,平直道,初速 80 km/h)
车钩　　　　　　　　　2 号机车钩
车钩中心线高度(距轨面) 880 mm±10 mm
整备重量　　　　　　　约 36t
外形尺寸(长×宽×高)　13 600 mm×3 055 mm×3 900 mm
限界　　　　　符合 GB 146.1—1983 标准轨距铁路机车车辆限界

(3)牵引性能 牵引吨位见表 1-3～表 1-5。

表 1-3　JY290-10 型重型轨道车(92 km/h)牵引吨位表

挡位	运行速度	轮周牵引力	各坡道牵引吨位(t)					
			0‰	6‰	12‰	18‰	24‰	30‰
起步	4～7	38.9	910	360	210	140	100	70
1	7～11	37.8	910	360	210	140	100	70
2	11～15	37.2	910	360	210	140	100	70
3	15～21	29.3	910	330	170	100	70	50
4	21～27	21.7	910	230	110	60	40	20
5	27～37	16.0	770	150	70	30	20	10
6	37～52	11.7	470	90	40	10	—	—
7	52～72	8.7	260	40	10	—	—	—
8	72～92	6.5	105	10	—	—	—	—

表 1-4　JY290-10 型重型轨道车(100 km/h)牵引吨位表

挡位	运行速度	轮周牵引力	各坡道牵引吨位(t)					
			0‰	6‰	12‰	18‰	24‰	30‰
起步	4～8	38.5	900	360	200	140	100	70
1	8～12	37.6	900	360	200	140	100	70
2	12～16	37.1	900	360	200	140	100	70
3	16～22	27.9	900	300	150	90	60	40
4	22～30	20.7	900	210	100	60	30	20
5	30～40	15.2	690	130	60	30	10	—
6	40～55	11.1	410	80	30	10	—	—
7	55～74	8.1	220	40	—	—	—	—
8	74～100	6.0	90	—	—	—	—	—

表 1-5　JY290-10 型重型轨道车(110 km/h)牵引吨位表

挡位	运行速度	轮周牵引力	各坡道牵引吨位(t)					
			0‰	6‰	12‰	18‰	24‰	30‰
起步	4～9	38.3	900	360	200	140	100	70
1	9～13	37.4	900	360	200	140	100	70
2	13～18	33.1	900	360	200	120	90	60
3	18～23	24.7	900	270	130	80	50	30
4	23～33	18.3	900	180	80	50	30	10
5	33～45	13.5	590	110	50	20	10	—
6	45～60	9.9	340	60	20	—	—	—
7	60～81	7.4	170	20	—	—	—	—
8	81-110	5.5	70	—	—	—	—	—

说明：

①本牵引吨位表按照 TB/T 1407—1998《列车牵引计算规程》进行计算；

②起步、1、2、3、4 挡原则上只在起步时使用；

③被牵引车辆按照滚动轴承重载货车计算阻力。

4. 试述 HM40-2A 型平车技术参数

(1)主要技术参数

轨距	1 435 mm
车辆定距	10 500 mm
转向架固定轴距	1 800 mm
轮径	840 mm
通过最小曲线半径	90 m
最高运行速度	120 km/h
载重	40t
制动方式	空气制动及停车手制动
车钩	2 号机车钩
车钩中心线距轨面高度	880 mm±10 mm
自重	19.2t
车架面积(长×宽)	15 500 mm×2 700 mm
地板面距轨面高度(铁地板)	1 138 mm
外形尺寸(长×宽×高)	16 480 mm×2 866 mm×1 484 mm
限界 符合 GB	146.1—1983 标准轨距铁路机车车辆限界

第二章　发　动　机

发动机是轨道车的动力源。发动机是将某一种形式的能量转变为机械能的机器。由于燃料燃烧是在发动机气缸内部进行的，所以这种发动机也称为内燃发动机或内燃机，常用的有汽油机和柴油机两种，轨道车广泛采用柴油机发动机。

第一节　名词解释

1. 什么是发动机的工作循环？

在热能转化为机械能的过程中，由空气的吸入、空气的压缩、混合气点燃燃烧膨胀做功和排出废气的四个过程称为一个工作循环。

2. 什么叫止点？什么叫活塞行程（冲程）？

活塞在气缸中的极限位置称为止点。活塞顶部距曲轴中心线最上端位置为上止点；最下端的位置为下止点。两止点间的距离称为活塞行程，亦称冲程。

3. 什么叫气缸的工作容积和压缩容积？

活塞由上止点移到下止点所让出的空间称为气缸的工作容积。当活塞位于上止点时，活塞上部的全部空间称为压缩容积，或称燃烧室容积。

4. 什么叫气缸容积？

活塞在下止点时，活塞上部的全部容积称为气缸容积，也就是工作容积和压缩容积之和。

5. 什么是发动机的升量？计量单位是什么？

发动机各缸工作容积的总和称为升量或称排量，单位为升(L)。

6. 什么是压缩比？压缩比的大小和发动机功率是何关系？

气缸总容积与压缩容积的比值称为压缩比。压缩比是一个抽象的数值，它表示当活塞在下止点到上止点气体所缩小的倍数。压缩比愈大，则在压缩终了时气体的压力和温度愈高，发出的功率愈大，经济性愈好。但它受爆震、点火、燃烧速度和机件强度等因素的限制，不能无止境地增大。点燃式发动机的压缩比为 6～10，压燃式发动机的压缩比为14-22。

7. 什么是发动机的额定功率？计量单位是什么？

在额定转速下输出的最大功率称为发动机的额定功率，单位为 kW。

8. 什么叫四行程发动机？

活塞每四个行程或曲轴旋转两周(0°～720°)完成一个工作循环的发动机，称为四行程发动机。

9. 什么是二行程发动机？

活塞每二个行程或曲轴旋转一周(0°～360°)完成一个工作循环的发动机，称为二行程发动机。

10. 什么是发动机的配气相位？

以曲轴的旋转角度来表示进、排气门开始开启和关闭终了的时间称为配气相位。

11. 四行程压燃式发动机的工作过程是怎么进行的？

(1)进气行程：活塞自上止点向下止点移动，曲轴由 0°顺时针方向转到 180°，进气门打开，排气门关闭，此时活塞上方的气缸容积增大，使气缸压力稍低于大气压力，气缸内形成一定的真空，空气被吸入。

(2)压缩行程:活塞自下止点向上止点移动,曲轴由 180°转到 360°,进、排气门均关闭,进入气缸内的空气被压缩,温度增高。

(3)膨胀作功行程:当压缩终了,活塞接近上止点时,曲轴由 360°转到 540°,燃油经喷油嘴呈雾状喷入气缸,在燃烧室与高温空气接触而着火,从而推动活塞做功。

(4)排气行程:活塞自下止点向上止点移动,曲轴由 540°转到 720°,进气门关闭,排气门打开,废气排出。

第二节　主要性能指标

1. 试述发动机的有效扭矩

发动机通过飞轮对外输出的扭矩称为有效扭矩。有效扭矩与外界施加于发动机曲轴上的阻力矩相平衡。

2. 试述发动机的有效功率。如何计算?

发动机通过飞轮对外输出的功率称为有效功率,它等于有效扭矩和曲轴角速度的乘积,以下列公式计算

$$N_e = \frac{n \cdot M_e}{9\,546}$$

式中　N_e——有效功率(kW);

M_e——有效扭矩(N·m);

n——发动机曲轴转速(r/min);

9 546——常数。

发动机产品铭牌上的功率和转速为标定功率和标定转速,是根据不同用途的实际情况确定的。

发动机的标定功率分为 15 min 功率、小时功率、12 h 功率和持续功率。12 h 功率是指大气压力 101.3 kPa、环境温度 20℃、相对湿度 60%、带空气滤清器但不带风扇、消声器、水泵和变速箱等附件,连续运转 12 h 的有效功率。

轨道车因受线路阻力的影响和运输安排的需要，有时必须在规定时间内和连续长大坡道的恶劣条件下运行，因此应选用小时或 12 h 标定功率。

3. 试述发动机的燃油消耗率。如何计算？

发动机的燃油消耗率是指发动机每发出 1 kW 有效功率，在 1 h 内消耗的燃油重量。以下式表示：

$$g_e = G_T / N_e$$

式中 g_e——燃油消耗率；

G_T——内燃机 1 h 耗油量；

N_e——有效功率。

4. 试述发动机的机械效率

发动机的机械效率是指发动机有效功率与指标功率之比。指标功率为有效功率与摩擦消耗功率之和，机械效率越高，产品质量越好。

第三节 技术参数

1. 试述康明斯 NTC-290 发动机技术参数

型号	康明斯 NTC-290
型式	水冷、直列六缸、四冲程、增压
额定功率(转速)	216 kW(2 100r/min)
最大扭矩(转速)	1 261N·m(1 300r/min)
排量	14 L
缸径	140 mm
冲程	152 mm
燃油系	P-T 燃油系＋VS 全程调速器
最低燃油消耗率	219.3 g(kW·h)
润滑机油牌号	SAE15W/40CD 级或 15W/20CD 级
润滑油容量	约 44 L
额定工况时机油压力	345～483 kPa

怠速工况时机油压力	100 kPa
标准节温器调节温度	80～90 ℃
冷却液总容量	约 100 L
最低怠速转速	625 r/min
冷态气门间隙	进气门 0.28 mm
	排气门 0.58 mm
充电发电机容量	DC 24 V,70 A
启动方式	DC 24 V,电启动
净重	1 170 kg

第四节　发动机、曲轴连杆机构

1. 发动机主要由哪些部分组成？

发动机主要由曲轴连杆机构、配气机构、燃料供给系、冷却系、润滑系和启动装置组成。

2. 试述发动机机体的构造

发动机机体包括汽缸体、曲轴箱、汽缸套、机油盘(俗称油底壳)、前齿轮室盖及后盖等不动件组成。一般发动机的汽缸体与曲轴箱铸为一体,总称为机体。

3. 试述发动机机体的作用

机体是发动机各机构和系统的承载体。发动机工作时,机体承受着大小和方向作周期变化的气体压力、惯性力和力矩的作用。

4. 试述活塞连杆组的构造

活塞连杆组由活塞、活塞环、活塞销和连杆组(连杆衬套、连杆轴瓦、定位销、连杆螺栓和连杆)组成。如图 2-1 所示。

5. 试述曲轴飞轮组的构造

曲轴飞轮组由曲轴、飞轮及齿圈、启动爪、曲轴正时齿轮等零件组成,它是发动机中最主要的传力机件。

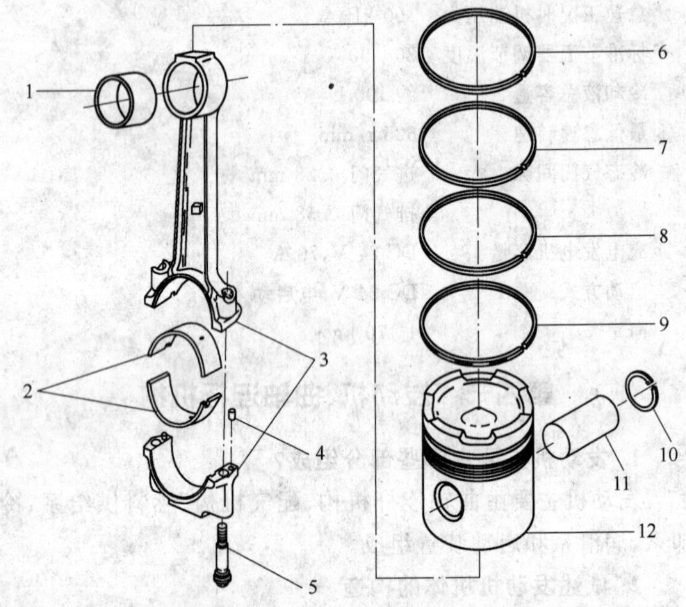

图 2-1　活塞连杆组的构造

1—连杆衬套；2—连杆轴瓦；3—连杆；4—定位销；5—连杆螺栓；6、7、8—气环；9—油环；10—卡环；11—活塞销；12—活塞总成

6. 试述发动机曲轴的构造

曲轴主要由主轴颈、连杆轴颈、曲柄、平衡块和安装飞轮的后端凸缘以及安装曲轴正时齿轮与风扇皮带轮的前端轴颈等组成。

7. 简述曲轴的作用是什么

曲轴的作用是承受由活塞经连杆传来的动力，将活塞的往复运动转变为旋转运动，并通过连杆推动活塞完成进气、压缩、排气这三个辅助行程。

8. 以直列式六缸发动机为例，试述各行程是如何交替工作的

曲轴旋转两周有六个工作行程，即每隔 720°/6＝120°为一个工作行程，也就是发火间隔角为120°，连杆轴颈1-6、2-5、3-4各在同一方向，三组互成120°角。连杆轴颈的排列，可分为左右两种。从曲轴前端看去，连杆轴颈1-6在上，2-5在左，3-4在右为右式，点火次序为1—5—3—6—2—4。从曲轴前端看去1-6在上，2-5和3-4左右互调后为左式，发火次序为1—4—2—6—3—5。六缸行程交替见表2-1。点火次序为1—5—3—6—2—4。

表2-1　六缸行程交替表

<table>
<tr><th colspan="2">缸序
曲轴转角</th><th>1</th><th>2</th><th>3</th><th>4</th><th>5</th><th>6</th></tr>
<tr><td rowspan="3">0°～180°</td><td>60°</td><td rowspan="3">功</td><td rowspan="2">排</td><td>进</td><td>功</td><td rowspan="2">压</td><td rowspan="3">进</td></tr>
<tr><td>120°</td><td rowspan="3">压</td><td rowspan="3">排</td></tr>
<tr><td>180°</td><td rowspan="3">进</td><td rowspan="3">功</td></tr>
<tr><td rowspan="3">180°～360°</td><td>240°</td><td rowspan="3">排</td><td rowspan="3">压</td></tr>
<tr><td>300°</td><td rowspan="3">功</td><td rowspan="3">进</td></tr>
<tr><td>360°</td><td rowspan="3">压</td><td rowspan="3">排</td></tr>
<tr><td rowspan="3">360°～540°</td><td>420°</td><td rowspan="3">进</td><td rowspan="3">功</td></tr>
<tr><td>480°</td><td rowspan="3">排</td><td rowspan="3">压</td></tr>
<tr><td>540°</td><td rowspan="3">功</td><td rowspan="3">进</td></tr>
<tr><td rowspan="3">54°～720°</td><td>600°</td><td rowspan="3">压</td><td rowspan="3">排</td></tr>
<tr><td>660°</td><td rowspan="2">进</td><td rowspan="2">功</td></tr>
<tr><td></td><td>排</td><td>压</td></tr>
</table>

9. 简述飞轮的一般要求

飞轮通常用灰铸铁铸成，高速发动机为了保证足够的强度，也有采用锻钢或铸钢。飞轮应精确校准动平衡。校验时将曲轴和皮带轮装成一体，并在连杆轴颈上配以环形铁块进行。因此飞轮和曲轴是一组偶件，在更换任何部件时，动平衡必须重新校准；飞轮也是离合器的主动件，所以飞轮平面必须平整光洁；重装时不要改变它们的相对位置而破坏动平衡，螺栓和定位销做成不对称的，错位设计就是保证原来的装配位置。

10. 试述飞轮的作用

作为轨道车传动系统离合器的主动件，发动机工作中产生的动力通过飞轮传给离合器，通过传动系统作为轨道车的动力输出；飞轮是一个转动惯性很大的圆盘，在工作中储存一定的能量，在其他三个辅助行程中释放出来，带动曲轴旋转，减小运动的不平衡性，减小曲轴在工作中的扭转振动；利用惯性使发动机容易启动。

第五节　汽缸盖及配气机构

1. 试述汽缸盖的结构

N系列柴油机两缸一盖，均采用四个气门。主要有缸盖体、气门座、气门导管、喷油器套筒、缸盖螺栓、汽缸垫等组成。

2. 试述配气机构的组成

配气机构可分为以气门为主要零件的气门组和凸轮轴为主要零件的气门传动组组成。

气门组包括：进气门、排气门、气门弹簧、气门导管和气门半圆锁片等。

气门传动组包括：凸轮轴、随动臂、推杆、摇臂、摇臂轴及丁字压板等。气门传动组能保证按一定的配气相位，及时开闭进气门和排气门。

第六节　燃料供给系统

1. 简述燃料供给系统的组成

发动机的燃料供给系统主要有PT燃油供给系统、进气系统及废气排出系统组成。

2. 试述发动机PT燃油供给系统的组成

柴油机PT燃油供给系统主要由油箱、滤清器、PT燃油泵、燃油进油管、输油管、供油通道、供油支管、喷油器、回油通道和回油管组成。

3. 简述 PT 燃油泵的作用

PT 燃油泵为低压燃油泵，它起输油、调压、调速的作用。PT 燃油泵的供油压力一般在 700～1 400 kPa 之间。在柴油机转速和负荷变化时，能相应的改变出口燃油压力，以得到所需的循环供油量。PT 泵与一般传统式喷油泵不同，它与发动机无正时关系，因此，安装时无须校对正时。

4. 简述 PT 燃油泵的构造

PT 燃油泵主要由齿轮泵、减振器、滤清器、节流阀（油门）、停车阀、调速器等几部分组成。

5. 简述齿轮泵和膜片式减振器的作用

齿轮泵总成用 4 个螺钉安装于燃油泵体上。齿轮泵由一对齿轮和齿轮泵体、齿轮泵盖等组成，其作用是向整个燃油系统输送燃油。齿轮泵的输出油量和供油压力随齿轮泵转速的增加而增大。齿轮泵的输油量通常是燃油泵额定工况所需量的 4～5 倍。齿轮泵出油口的前端直接与泵体进油道相通。齿轮泵出油口后端的油流通往减振器总成。钢质的减振器膜片能吸收齿轮泵油时产生的压力脉冲，并使整个燃油系统的油流平稳。

6. 简述如何清扫滤网式磁性滤清器

滤网式磁性滤清器的作用是再次滤除齿轮泵所输出燃油中的杂质和铁屑。使用 500 h 后应该清洗，清洗时取下盖和滤网，先用轻柴油清洗，再用压缩空气吹净。

7. 简述 PTG 两速调速器的作用

PTG 两速调速器其作用是稳定怠速和限制最高转速，并能随柴油机转速和负荷的变化自动地调整供油压力，从而调整供油量。在中间转速时，由司机改变节流阀（油门）开度来控制供油量,从而控制柴油机转速。

8. 简述节流阀的作用

节流阀也叫油门,供司机在怠速范围以上,按不同转速和负荷条件的需要,用来控制柴油机转速。在PT(G)型燃油泵上,燃油流过PTG调速器而到节流阀。在怠速时,燃油流过调速器套筒上的怠速口而通过节流阀。

9. 简述PT(G)VS调速器的作用

VS可变速调速器,位于燃油泵壳的上部,它与标准调速器串联工作,使它有可能在标准调速器所校准的速度范围内任何所要求的速度下工作。速度可以通过位于燃油泵顶部的VS速度控制杆加以改变。这种燃油泵能在柴油机整个转速范围内提供平顺的速度调节和适当取力机构等不同速度的要求。当操纵PT(G)VS型燃油泵在任何要求的恒速度下工作时,VS型调速杆应放在工作位置,节流阀应锁在全开位置上,以便全部油流能通过标准调速器。

10. 试述截流阀有什么作用

在燃油泵的上部燃油出口处,安装有截流阀,用以切断燃油的供给,使柴油机熄火。通常为电磁式的,也可用手动操纵。在紧急情况下,如当电气系统出现故障时,可顺时针转动手动旋钮,使燃油通过截流阀。

11. 试述喷油器的构造

喷油器的构造如图2-2所示。

12. 试述喷油器的工作过程

喷油器的实际工作过程,因为柱塞上下往复运动一次所完成的进油、计量、升压、喷射的全过程,与活塞位置、摆动式挺杆滚轮在喷油器凸轮上的位置是相适应的,所以现用这三者相互关系来说明喷油器的实际工作过程。

在柴油机进气行程中,摆动式挺杆滚轮在喷油凸轮凹面

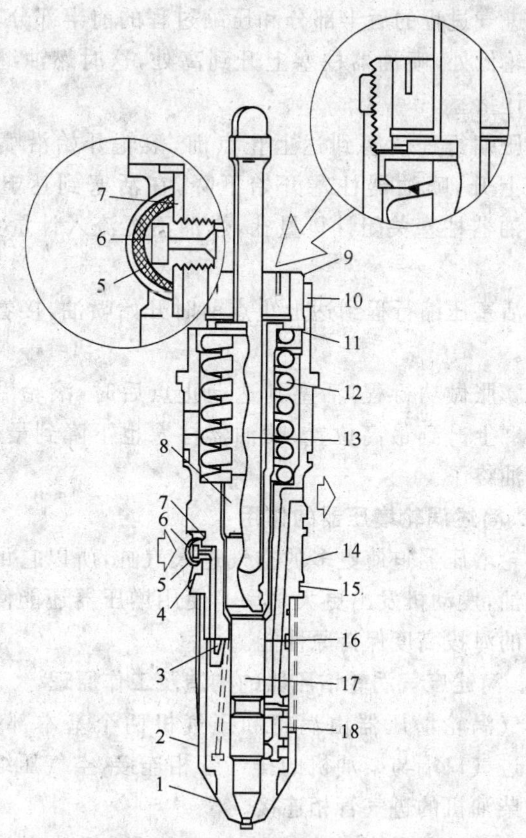

图 2-2　喷油器的构造

1—喷油器嘴头；2—喷油器嘴头紧帽；3—止回球阀；4—卡环；
5—滤网；6—量孔塞；7—密封垫；8—柱塞接合套；9—顶部限位螺套；
10—锁母；11—弹簧垫圈；12—柱塞回位弹簧；13—顶杆；14—喷油器体；
15—O 形密封圈；16—螺纹销；17—柱塞；18—柱塞套

上滚动并向下移动。喷油器柱塞在弹簧力的作用下上升，当曲轴转到上止点后，喷油器的计量量孔开启，燃油流入喷油器计量室，燃油计量开始。

在进气过程的后半部分和压缩过程的前半部分，滚轮下降到凸轮低处，喷油器柱塞上升到高处，这时燃油继续流入喷油器计量室。

在压缩行程活塞到达上止点前，滚轮开始沿喷油凸轮的轮廓上升，喷油器柱塞开始下降，在活塞到达上止点前时。喷油器柱塞关闭计量量孔，燃油不再流入计量室，计量终了。

在活塞压缩行程到达上止点前时开始喷油，接着燃烧膨胀做功。

在膨胀做功行程，活塞到达上止点后时，滚轮沿喷油凸轮的轮廓上升到最高位置，喷油器柱塞也下降到最低位置，这时喷油终了。

13. 简述涡轮增压器的作用

涡轮增压器迫使更多的空气进入汽缸，所以它可燃烧更多的柴油，发动机发出更大功率。使用增压器还能使柴油机在较高的海拔高度保持原性能。

14. 简述废气涡轮增压器的构造及工作原理

废气涡轮增压器由涡轮和压气机两个基本部分组成。涡轮的进气口端与柴油机的排气管相连接，空气压缩机的出气口与柴油机的进气管相连接。

由于柴油排除的废气仍有一定能量，驱动废气涡轮旋转，同时涡轮又带动同轴上的空气压缩机旋转，空气压缩机对吸进的新鲜空气进行压缩，使其密度提高，从而提高了进气压力，增加了充气量，以提高柴油机功率。

第七节　润 滑 系 统

1. 简述润滑系的组成及作用

润滑系统主要由机油泵、机油滤清器、机油冷却器、输油管、机油盘和油压表、油尺等组成。其作用有：

减摩抗磨：降低摩擦阻力以节约能源，减少磨损以延长机械寿命，提高经济效益；

冷却：要求随时将摩擦热排出机外；

密封：要求防泄漏、防尘、防串气；

抗腐蚀防锈：要求保护摩擦表面不受油变质或外来侵蚀；

冲洗清洁：要求把摩擦面积垢清洗排除；

应力分散缓冲：分散负荷和缓和冲击及减震。

2. 简述N系列柴油机机油泵的构造及作用

N系列柴油机油泵构造如图2-3所示。

N系列柴油机的机油泵为单级齿轮式油泵，油泵输出的压力油5%左右的通过细滤器过滤后返回油底壳，机油泵安装在发动机的前部右侧，为了保证机油泵和润滑系统各部件的工作安全可靠，机油泵出油压力必须限制在一定范围内，因此机油泵上装有调压阀(在全流量冷却式润滑系中由旁通阀取代调压阀)，柴油机在怠速工作时，机油泵正常压力不能小于103 kPa，额定转速时，机油泵的正常工作压力应在345～483 kPa之间。

3. 试述机油滤清器有何作用

机油滤清器分为机油粗滤器和细滤器，分别与主油道串联和并联，故又可以分为全流式和分流式。全流式滤清器即粗滤器是和主油道串联在一起的，输送的机油都通过它，它能滤去机油中粒度较大(直径为0.05～0.1 mm)的杂质。为防止粗滤器堵塞而引起断油，在粗滤器的头部装有旁通阀，一旦发生堵塞旁通阀即可开启，让未经滤清的机油进入主油道，以保证发动机各部润滑。

分流式滤清器即细滤器，细滤器可以滤去机油中直径为

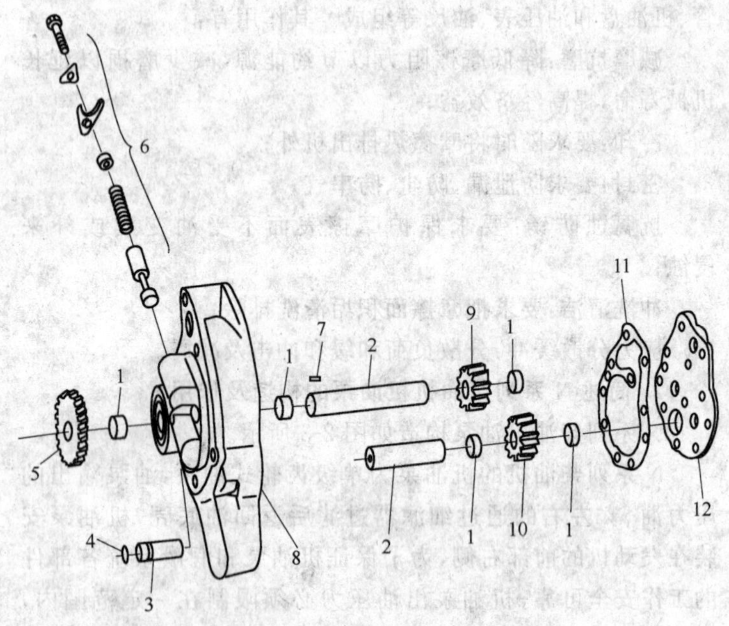

图 2-3　机油泵的构造

1—衬套；2—轴；3—机油管；4—O 形密封圈；5—驱动齿轮；6—调压阀；7—定位销；8—泵体；9—主动齿轮；10—从动齿轮；11—垫片；12—泵盖

0.001 mm 以上的细小杂质，它和主油道并联，机油经细滤清后回到油底壳中，由于在发动机工作过程中总有一部分机油通过细滤器进行过滤，因此提高总体滤清效果，延长机油的使用寿命。

4. 简述机油滤清器的组成

机油滤清器一般有滤芯总成、滤清器安装座和旁通阀组成。

5. 简述机油冷却器的组成

机油冷却器组成如图 2-4 所示。

6. 简述机油冷却器的作用

机油冷却器的作用是用来冷却机油，使机油温度保持在

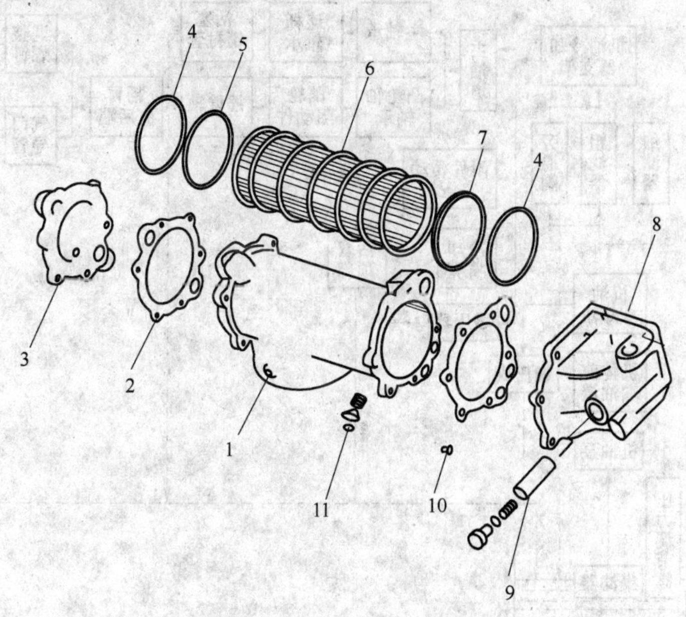

图 2-4　机油冷却器的组成

1—冷却器体；2—垫片；3—盖；4—挡圈；5—O 形密封圈；

6—冷却器芯；7—垫片；8—支座；9—调压阀；10—垫片

规定的温度范围内（80～105℃），以保证机油正常的润滑作用。机油在柴油机高温区工作时，吸收了大量的热量，同时机油又作为冷却介质冷却活塞，因此机油温度升高，机油黏度下降，机油还容易氧化变质，必须降低机油的温度，以保证柴油机的正常工作。

7. 简述 N 系列柴油机润滑系统机油流向

N 系列柴油机润滑油路示意图如图 2-5 所示。

发动机工作时，机油经集滤器和油管被吸入机油泵，加压后从机体前端油道横穿过去，进入柴油机左侧的机油冷却器，在机油冷却器中冷却以后，一部分送到机油细滤器后回

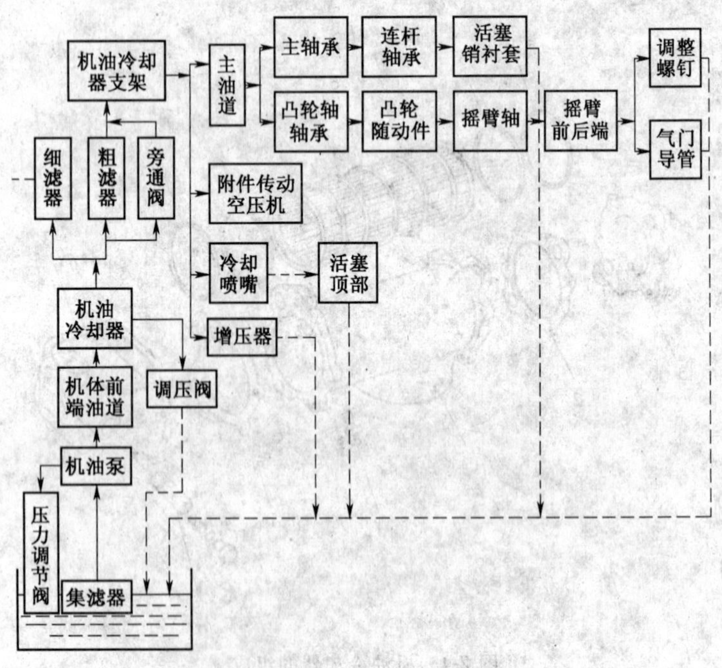

图 2-5　NH/NT、N7A855 型柴油机润滑油路示意图

到油底壳。另一部分进入机油粗滤器滤清，而后由机油冷却器前座返回而分成四路：第一路去增压器，然后回到油底壳；第二路去润滑附件传动机构及空压机；第三路去冷却喷油嘴，用来冷却活塞顶部，喷出的机油回油底壳；第四路流向主油道，进入主油道的机油通过缸体上设置的油道供往各主轴承，然后经过曲轴上的孔道进入各连杆轴承，再通过连杆体上的油道流向活塞销和连杆小头之间的衬套。主油道的机油还通过缸体上的油道流向凸轮轴轴承、随动臂轴各摇臂前后端和推杆等处。上述各处的机油润滑后均回到油底壳。汽缸壁、活塞、活塞环及凸轮轴靠飞溅润滑。

第八节　冷却系统

1. 简述柴油机冷却系的主要构成和作用

冷却系统主要有：水泵、散热器、风扇、水滤器、节温器、和水管、水套及气缸体放水阀等组成。

它的作用是使发动机在启动时能很快升温，并及时将受热件的热量散出，以保证发动机在正常温度范围内工作。

2. 试述风扇有何作用

风扇安装在发动机前端的风扇轴上，由皮带带动，它的前面是散热器。叶片和旋转平面成 30°～60°的倾角，当风扇旋转时，对空气产生吸力，形成气流，加速对散热器的冷却效果。

3. 试述水散热器有何作用

水散热器又称水箱，它的用途是使发动机水套内的热水通过散热器迅速冷却。一般采用的是管片式，它由许多的铜制散热芯管和散热片焊接在上、下储水室之间，管与管之间焊接横的散热薄片，因此它的散热面积可达到近 40 m^2 以上。

4. 试述水滤器的构造和作用

水滤器由水滤器座、水滤芯组成。

水滤器中装有化学元素组成的 DCA 芯子，冷却系中一小部分冷却液流经 DCA 水滤器，对冷却液进行滤清和处理，以保证冷却液中必要的 DCA 浓度，保证发动机不发生水垢，使所用的冷却液清洁，而且不含腐蚀性物质，如氯化物、硫化物和酸，使冷却液略呈酸性(pH 值在 8～9.5)，并使水套和缸套表面产生一层氮化物的化学膜，以防止蚀穴。

5. 试述节温器的基本构造和作用

节温器主要由可伸缩圆形筒、主阀门、副阀门、出水管和旁通道组成。

节温器随水温的高低自动变更水循环线路，控制循环的水量。使发动机水温保持在工作温度范围内，一般为80～90℃，并使发动机启动后水温能迅速升高。

第九节 保 养

1. 试述康明斯NTC-290发动机"A"级保养检查（每日）**项目**

（1）检查发动机机油平面

用发动机上的机油尺检查机油平面，为了得到精确的读数、机油平面应在发动机停车15 min后检查机油，尽可能地保持机油平面接近高位"H"标记处。如果需要，添加与发动机中质量和牌号相同的机油。

（2）每天或每次启动时检查发动机冷却液平面

保持冷却系统冷却液加满到工作平面，检查冷却液消耗的原因，检查冷却液平面只可在冷却系统冷却后进行。

（3）检视皮带

检视皮带是否松弛，如果存在皮带打滑现象，应按要求进行调整。

（4）检查损坏情况

目检燃油系统等，检查所有接头有无渗漏或损坏。检查发动机有无损坏，如需要予以整修。

2. 试述康明斯NTC-290发动机"A"级保养检查（每周）**项目**

重复每天的检查项目，并增加以下项目。

（1）检查进气阻力

机械式阻力指示器用来测量干式空气滤清器过大的空气阻力。该指示器安装在空气滤清器的出口，当滤芯被灰尘弄脏时，窗口中的红色标记就逐渐升起。就应该清洁或更换空气滤清器芯子，更换或回装后，按下阻力指示器复位按钮使指标器复原。

(2)清洁或更换空气滤清器芯子

干式空气滤清器中的纸质滤芯，可以多次地用压缩空气吹除灰尘或用不起泡沫的家庭用洗涤剂和 40～60℃的热水清洗，然后用压缩空气吹干，空气压力约为 207 kPa，不要使空气喷嘴太靠近滤芯。出现穿孔、端部密封松动、密封表面凹陷及其他形式的损坏表示滤清器已无效，需要立即更换滤芯。

(3)清除油箱和燃油滤清器中的沉积物。

3. 试述康明斯 NTC-290 发动机“B”级保养项目

发动机每工作 250 h 或半年进行一次“B”级保养。

重复“A”每日、每周的检查，还应增加下列项目。

(1)更换发动机机油

启动发动机使之达到工作温度，停下发动机，从机油盘底部卸下放油螺塞，放出机油。将放油螺塞装回机油盘上，螺塞扭紧力矩为 81～95 N·m。向曲轴箱中加注机油至机油尺上的“H”的高位标记处。启动发动机，目检有无漏油现象。熄火发动机，等 15 min 待机油流回到机油盘中以后．重新用机油尺检查机油平面。如需要，予以添加。

(2) 更换旋装式机油滤清器滤芯

①拧下组合式壳和滤芯，扔掉滤芯。在每次更换滤清器中，应检查接头安装螺钉，扭矩应在 34～47 N·m 之间。

②向新滤芯中加注机油，将滤芯安装到滤清器头上。

(3)更换燃油滤清器芯

①拧下组合式壳和滤芯，丢弃滤芯。

②向新滤清器中加注干净的燃油，安装滤清器。

第三章 传动及走行系统

第一节 变 速 箱

1. 试述 RT-11509C 富勒变速箱的主要技术参数

型号 RT-11509 C 富勒变速箱

型式 双副轴、主副变速箱

换挡方式 双 H 手动换挡

额定输入扭矩 1 490 N·m

额定输入转速 2 600 r/min

润滑油总容量 13 L

净重 270 kg

2. 试述 RT-11509 C 富勒变速箱的各挡速比

RT-11509 C 富勒变速箱的各挡速比。

如表 3-1 所示。

表 3-1 RT-11509C 富勒变速箱各挡速比

	低挡区					高挡区				
挡位	倒	起	1	2	3	4	5	6	7	8
速比	12.99	12.42	8.26	6.08	4.53	3.36	2.47	1.81	1.35	1

3. RT-11509C 富勒变速箱的特点

富勒变速箱的主、副变速器均采用两根结构完全一致的中间轴，相间 180°，动力从输入轴输入后，分流到两根中间轴上，然后汇集到主轴输出，副变速器也是如此。

在理论上，每根中间轴只传递 1/2 的扭矩，所以采用双中间轴可以使变速器的中心距减小，齿轮的宽度减薄，轴向尺寸缩短，质量减轻，主轴上的各挡齿轮必须同时与两中间轴齿轮齿合。

为满足正确的齿合并使载荷尽可能的平均分配，主轴齿轮在主轴上呈径向浮动状态，主轴采用绞接式浮动结构。

4. 富勒变速箱的双H操纵装置的组成及功用

双H操纵装置主要由双H操纵装置壳体、外换挡臂、横向换挡杆、倒挡开关控制块、换挡拨头、平衡弹簧、定位环、定位柱塞、压缩弹簧、通气塞和指示灯开关、启动销等零部件组成。

其功用是完成变速器的选挡和挂、摘挡。

5. 试述富勒变速箱运用保养和注意事项

定期对富勒变速箱进行维护保养，对于保证轨道车的正常行驶和延长变速箱的使用寿命十分重要。

(1)使用正确的润滑油牌号，变速箱内必须加注85W/90车辆齿轮油。

(2)润滑油的油平面位置符合规定，要确保油平面与注油口平齐。油面高度由壳体侧面的锥形注油孔检查，油面注至孔口处溢出即可。

(3)保持变速箱正常的工作温度，变速箱在连续工作期间的最高温度不得超过120℃，最低温度不得低于－40℃，工作温度超过120℃时，会使润滑油分解并缩短变速箱的使用寿命。

(4)按换油周期更换润滑油，新变速箱在行驶2 000～5 000 km，必须更换润滑油。每行驶10 000 km应检查变速箱润滑油油面的高度和泄漏情况，随时进行补充。每行驶50 000 km应更换润滑油。

6. 试述富勒变速箱的操作注意事项

(1)换挡时，离合器必须彻底分离，变速杆应挂挡到位。

(2)变速杆有高挡和低挡两个空挡位，即高挡区的5、6挡空挡位置和低挡区的3、4挡空挡位置。停车时，变速杆应置于低挡区的空挡位置。

(3)车辆挂低挡(起步挡)或倒挡时，应先停车再挂挡。挂倒挡时，需要使用较大的换挡力以克服倒挡锁的阻力。

(4)由4挡换5挡(或由5挡换4挡)时，应有意识地稍停片该，以利于副变速器完成高低挡位区间的转换。

(5)当变速箱由低挡区向高挡区(或反之)换挡时，不要跳挡操纵，否则会影响副箱同步器的使用寿命。

(6)轨道车起步时，车辆应缓解，根据线路情况和牵引吨位，选择起步挡或1挡起步。

(7)使用中发现变速箱有异常声响，操作明显沉重等不正常现象时，应立即停车检查，待排除故障后再使用。

7. 为什么在轨道车回送时应完全停止变速箱的转动和在运行中减少滑行？

变速箱在工作时，变速箱内的轴和齿轮不停地转动，可以为变速箱提供充分的润滑。当轨道车回送或惰力运行时，主箱的中间轴齿轮和主轴齿轮并不转动，而主轴却被带动着高速旋转，而得不到良好的润滑，这样会造成变速箱的严重损坏。因此，在轨道车回送时，要利用换向分动箱等将变速箱和车轮断开，运行中尽量减少滑行。

第二节　离　合　器

1. 试述 Lipe 15/380-2LP 型离合器的构造

Lipe 15/380-2LP 型离合器的结构如图3-1所示，该离合器是双片干式常接合摩擦离合器。压紧力产生方式为机械周置弹簧压合式。分离形式为拉型。摩擦衬片的材料为陶瓷合金。离合器本身为不可调结构，但装有一个可调分离套筒把分离杠杆与分离轴承连接起来,通过对此套筒的调整,可补偿摩擦衬片的磨损,保持踏板的自由行程不变。

2. 试述 Lipe 15/380-2LP 型离合器的保养

离合器的保养主要是分离轴承和分离叉轴的润滑及主要部位间隙的调整。

(1)分离轴承和分离叉轴的润滑可根据实际应用情况,适当补充锂基脂。

(2)离合器操纵机构的调整。

分离拨叉和分离轴承的移动耳之间应保证 2～3 mm 间隙,此间隙反映到离合器踏板上的自由行程是 40～60 mm。使用过程中,由于后压板、中压板及从动盘摩擦片的磨损,会使离合器踏板的自由行程减少,应及时调整,使分离轴承移动耳之间的间隙恢复到 3 mm(即踏板的自由行程恢复到 40～60 mm)。如不及时调整就容易造成离合器打滑,这不仅降低了它所能传递的扭矩,同时还会加速从动盘摩擦片的磨损如图 3-1 所示。

3. 试述离合器踏板自由行程的调整方法

调整离合器踏板自由行程,可选用以下方法:

(1)调整拨叉轴拉臂的位置。这是一种调整分离拨叉与分离轴承间隙的简单方便的方法,尤其是当拨叉轴拉臂与垂直中心线的夹角较小时,此法尤为方便实用。

①松开拨叉轴拉臂的锁紧螺母。

②旋转拨叉轴,将分离拨叉朝后移动 1～2 mm,使分离拨叉与分离轴承移动耳之间的间隙为 3 mm。

③拧紧拨叉轴拉臂的锁紧螺母。

④检查踏板的自由行程。

⑤必要时重复进行调整,直到合适为止。

(2)调整分离套筒,改变分离轴承对分离拨叉的相对位

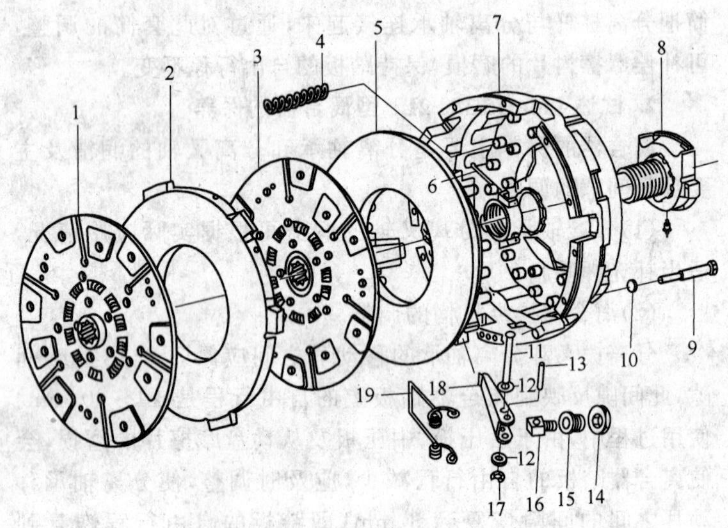

图 3-1　离合器的结构

1—前摩擦片；2—中压板；3—后摩擦片；4—压紧弹簧；5—后压板；6—开口销；7—离合器盖；8—分离轴承总成；9—紧固螺栓；10—弹簧垫圈；11—分离杠杆圆柱销；12—垫圈；13—小圆柱销；14—锁紧螺母；15—调整螺母；16—调整螺杆；17—卡环；18—分离杠杆；19—弹簧

置。该方法稍微复杂，但能做到一次调整准确，尤其是在拨叉轴拉臂偏离垂直中心线的角度比较大的情况下，应采取此种方法。该方法调整步骤如下：

①松开套筒锁紧螺母。

②旋转分离套筒，使分离轴承朝变速箱方向移动，直至分离拨叉与分离轴承移动耳之间达到得 3 mm 间隙为止。

③将套筒锁紧螺母锁紧到分离杠杆支座上。

④踩下踏板几次，重新检查 3 mm 间隙。

(3)在调整过程中应注意以下几点

①在旋转分离套筒以获得合适间隙的过程中，离合器要

保持结合状态(不要拉动分离杠杆);在将套筒锁紧螺母锁紧到分离杠杆支座上的过程中,离合器要保持分离状态(拉紧分离杠杆)。

②在旋转分离套筒以获得合适间隙值的过程中,拨叉轴回位弹簧应保持拉紧状态,使分离拨叉保持正确位置。

4. 试述离合器总成的拆卸方法

(1)拆下拨叉轴拉臂与离合器拉杆的连接销轴;

(2)将变速箱带离合器外壳一起从飞轮壳上拆下;

(3)将三个工艺螺栓拧入离合器盖上的三个装配工艺螺孔(克服压紧弹簧的弹力,把离合器盖与后压板连在一起);

(4)按对角顺序交替拆下离合器盖安装螺钉。

(5)在拆下离合器盖的同时,注意旋转中压板和从动盘总成;

(6)拆卸离合器盖及后压板总成时,首先拧下三个工艺螺栓,然后拧下三个调整螺母及锁紧螺母等,将离合器盖后压板总成分开。

5. 试述离合器构件的检查方法

(1)分离轴承

清除分离轴承总成上的油泥。检查轴承是否损坏,若轴承转动困难,转动不均匀或有噪声,则应将其更换。分离轴承损坏的原因可能是:润滑不良或润滑不足,离合器拨叉轴翘曲使分离轴承受力不均匀。

(2)压板

检查中压板和后压板的工作表面是否烧伤或存在刻痕。如果损伤不太严重,可以对压板表面进行车削处理。压板工作表面经车削后须光滑平整。如果单面车削 1 mm 之后尚不能恢复压板工作表面,则应更换压板。安装修复的压板时,由于压板变薄,需在压紧弹簧下添加若干垫圈,借以补偿压紧弹簧的长度(垫片的总厚度等于中、后压板车削量之和)。压板和离合器盖装配之后需进行平衡试验。

(3)压紧弹簧

检查压紧弹簧的刚度是否产生变化,对已产生较大永久变形的弹簧应予以更换。

(4)分离杠杆

分离杠杆应该在装配好的离合器盖及压板总成上进行检查。检查时分离杠杆连续地压几下,松开时,分离杠杆应立即退回。如果不能,则表明分离杠杆在某处卡住,此时应拆下分离杠杆进行检查。损坏的分离杠杆(扭曲或有裂纹)必须予以更换。

(5)从动盘

从动盘摩擦片如被油污染,应该用汽油清洗干净并晾干。摩擦片被油污染的原因可能是飞轮中的变速箱一轴轴承漏油或变速箱内加油过多。如果从动盘摩擦片烧坏、有裂纹或其厚度因磨损而达到极限值(摩擦片厚度为 4 mm,磨损后允许最小尺寸为 3 mm),应更换摩擦片。维修时,发现摩擦片虽未达到磨损极限,但摩擦片铆钉头已快露出时(铆钉内凹距离小于 0.2 mm)也应必须更换摩擦片。

对从动盘还应该检查是否有裂缝或翘曲,铆钉是否松动,减振弹簧是否折断。如发现上述现象时,须更换从动盘。

维修后的从动盘应进行静平衡试验,用磨削从动盘外径的方法进行静平衡试验:从动盘和花键轴总成任何位置都不滚动。从动盘外径的磨削处深度不能大于 0.5 mm。

(7)导向轴承

确保导向轴承转动灵活、润滑充分;保证导向轴承与飞轮上的轴承孔为紧配合,否则应更换轴承。

(8)飞轮

应仔细检查飞轮的摩擦面，确保无明显的热裂纹、擦伤及严重的磨损痕迹如凹坑等缺陷，否则需加工摩擦面，核对螺纹孔的有效深度，并重新对飞轮进行静平衡。若不能修复则需更换飞轮。

(9)接圈与中压板配合间隙

将中压板装入接圈，对中压板上的从动块与接圈上的驱动槽之间的间隙进行检测，每侧的允许间隙为 0.08～0.18 mm。若测量结果不符合要求，可将中压板取出转动一个槽，再重新测量，直到每侧间隙在 0.08～0.18 mm 之间为止，并作好记号。

6. 试述离合器总成的装配方法

离合器总成的装配与拆卸方法相同，但次序相反，装配离合器总成的顺序如下：

(1)检查飞轮摩擦面、从动盘的摩擦面、中压板的摩擦面和后压板的摩擦面是否清洁，确保无油污。

(2)用螺钉将飞轮接圈紧固到飞轮上。

(3)将前从动盘放进接圈中，并使标有“FW SIDE”的盘面应朝向飞轮一侧安装

(4)按所作标记位置将中压板装入接圈驱动槽中，并使标有“PRESS PLATE SIDE”的盘面朝向变速箱一侧安装。

(5)由后从动盘标有“PP SIDE”字样的一侧插入装配花键轴，并将其靠近中压板，然后将花键轴插入前从动盘花键内再向里推，直到其前导向端进入导向轴承中为止。

(6)安装工艺螺栓，将离合器盖和离合器后压板固定在一起。

(7)将离合器盖及压板总成安装到飞轮接圈上，使离合器盖凸缘上的沟槽与中压板上的从动块对齐，确保中压板移动自如。

(8)按对角交替的原则拧紧紧固螺钉、螺钉拧紧力

矩67～74 N·m。

(9)抽出装配花键轴，花键轴应能轻快地滑出。

(10)拆下离合器壳上的工艺螺栓，并保存好。

(11)安装离合器外壳、拨叉轴、拨叉、变速箱及操纵装置附件等。

第三节　传　动　轴

1. 试述传动轴主要有哪些部件组成

万向节传动轴能适应输入和输出轴间的角度和长度的不断变化，其主要有万向节主、被动叉，十字轴，滚针轴承组成。如图 3-2 所示。

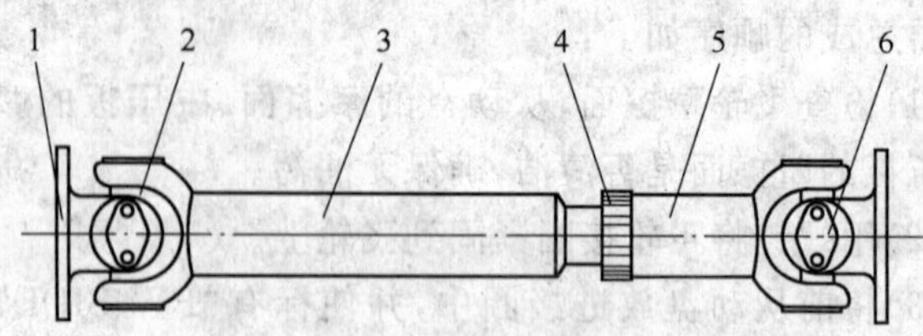

图 3-2　传动轴结构

1—突缘叉；2—十字节总成；3—花键轴总成；4—油封盖；5—套管叉；6—锁片

2. 试述传动轴使用应注意哪些事项

传动轴在使用过程中，为了避免传动轴受外力撞击变形而失去平衡，影响使用寿命，应注意检查传动轴的弯曲、变形和平衡情况，必要时予以校正。如发现损坏严重时，应及时更换传动轴总成。拆装传动轴时，应注意套管叉和花键轴的相对位置，必须保证套管叉与花键轴上的叉轭在一个平面内，传动轴在出厂前已做过动平衡试验，在套管上焊有平衡块，因此在拆装时要做好标记，原样装好，以免破坏传动轴的平衡。十字轴应能在轴承内自由转动，不应有卡滞现象。

3. 试述如何进行传动轴的保养

传动轴每行驶 1 500 km 应进行一次润滑脂补充，以保证十字轴与滚针轴承、花键套与花键轴等摩擦件的润滑，同时要经常检查连接螺栓、保险垫片的状态是否正常，以及传动轴的万向节、十字轴及花键轴的磨损情况。

第四节　换向分动箱

1. 试述换向分动箱有何作用

换向分动箱具有改变车辆的行驶方向，传递动力到前后两个车轴齿轮箱的功能。

2. 试述换向分动箱的结构及原理

换向分动箱的结构如图 3-3 所示。

换向分动箱为四轴、前后剖分式结构，一轴上有一个滑动直齿轮，可利用换向滑杆带动拨叉拨动该齿轮使之与二轴或三轴直齿轮啮合，以获得轨道车的正向或反向运动。

带发电机的换向分动箱一轴后端还安装有一个滑动齿轮和一套发电机操纵装置，同时二轴增设一个甩油齿轮，与发电机驱动齿轮轴常啮合。需要使用发电机时，操纵发电机操纵装置带动滑动齿轮移动并与齿轮轴的内齿啮合，把动力传给发电机，同时二轴、三轴等齿轮全部停止转动，仅甩油齿轮在二轴上空转将润滑油甩到壳壁上，由壳壁上的沟槽汇集引导到一轴的前后轴承处，保证良好润滑。

在换向分动箱的四轴上装有一套差速机构，不论前后驱动车轴因何原因产生的转速不一致，该差速器均能发挥差速作用，防止或减轻驱动车轮与钢轨的相对滑动，降低轮缘踏面磨耗。

在换向分动箱的四轴的后半轴处设置了一套差速器锁

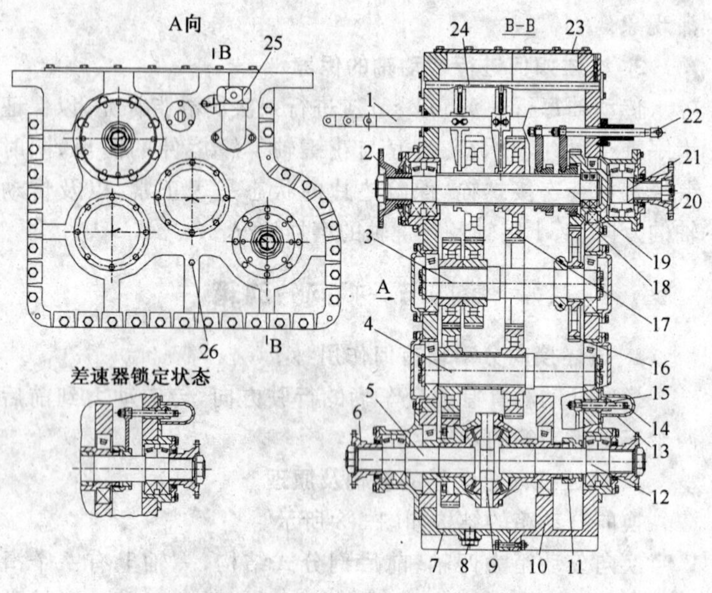

图 3-3　换向分动箱结构图

1—换向滑杆；2—输入法兰；3—二轴；4—三轴；5—前半轴；6—输出法兰；7—前箱体；8—放油塞；9—差速器；10—后箱体；11—游动齿轮；12—后半轴；13—拨叉杆罩；14—拨叉杆 15—拨叉杆销；16—甩油齿轮；17—滑动直齿轮；18—滑动齿轮；19——轴；20—发电机法兰；21—齿轮轴；22—发电机控制装置；23—箱盖；24—定位杆；25—透气孔；26—油位螺栓

定装置。差速器锁定装置由拨叉杆罩、拨叉杆、拨叉杆销、拨叉及游动齿轮等组成。

运用过程中，换向分动箱的某一输出端之后的传动部分发生故障或失效时，均可将差速器锁定，使换向分动箱的四轴由两根半轴变成刚性联接在一起，即变前、后半轴输出为单轴输出。采用这种临时措施时，首先应拆掉有故障的传动轴等零件，然后拆下拨叉杆罩（序号 13），抽出拨叉杆销（序号 15），将拨叉杆（序号 14）往里推，到位后，再将拨叉杆销（序号

15)插上，这表明游动齿轮(序号 11)已将差速器(序号 9)锁定，最后装好拨叉杆罩(序号 13)。

此方式仅为临时措施，车辆到达车站或车库后应立即进行检修。

3. 试述换向分动箱的保养方法

(1)车辆走合期满后及每行驶 6 000 km 后均应更换润滑油。换油应在油温未降低时进行。换油时，应先放净废油，再打开箱盖，先用柴油或煤油冲洗壳体及齿轮，放掉清洗油后，再重新加入新齿轮油。

(2)车辆在行驶 3 000 km 后，取样检查油质，如发现变质或金属杂物过多，要更换新油。

(3)车辆每行驶 1 500 km～2 000 km，应检查换向分动箱的润滑油，必要时添加或更换。

(4)结合定期保养，同时按规定使用不同黏度的润滑油(夏季换用高黏度的润滑油，冬季换用低黏度的润滑油)。

推荐润滑油牌号：SAE 80W/90 API GL-5 车辆齿轮油。

润滑油油量：以油面到油位螺栓为准。

(5)走合期间，经常注意检查换向分动箱的温度，防止过热。换向分动箱允许温升为 55℃。

4. 试述换向分动箱的维修方法

(1)换向分动箱二、三轴组装后，二端面螺栓应拧紧。换向分动箱第四轴的差速器固定螺栓拧紧力矩为 200～230 N·m，同时，防松垫片必须折弯包住螺栓头。

(2)换向分动箱第一、四轴输入、输出端的压紧螺母必须拧紧，其拧紧力矩为 320～370 N·m，拧紧后必须将螺母外端薄边压入轴的凹槽内，起防松作用。

(3)换向拨叉组装时与第一轴齿轮定位槽两侧应保持 0.3～0.5 mm 间隙。调整后，拧紧固定螺栓并用钢丝锁住，同时一轴、三轴、四轴的小拨叉也同样调整间隙并拧紧螺母，穿好开口销。

(4)换向分动箱拨叉通过定位销、弹簧与定位杆相连。当定位销或定位杆磨损后可能会造成掉挡，所以发现磨损应更换定位销或在拨叉孔内加垫片，垫在弹簧下边进行调整。

(5)组装时各部分必须清洗干净，切忌加入润滑脂。换油后，先低速运转，使差速机构、输入轴和输出轴前端先得到充分润滑。

5. 简述换向分动箱主要部位间隙

换向分动箱主要部位间隙、行程如表 3-2 所示。

表 3-2　换向分动箱主要部件间隙、行程

序号	部　　位	间隙及行程(mm)
1	换向分动箱各轴承轴向游隙	0.2～0.3
2	换向箱差速器行星齿轮与止推垫片间隙	0.8～1.2
3	差速器行星齿轮与半轴齿轮的啮合侧隙	0.26
4	迷宫密封轴向间隙	2.5

6. 简述固定轴的构造(JW-4 型作业车、JY290-10 型)

在变速箱到换向分动箱的动力传递过程中，设有固定轴。固定轴由法兰、轴承、轴承座、密封盖及密封环等组成。其结构如图 3-4 所示。

7. 试述固定轴的保养方法

在使用中，应经常检查固定轴与支架的连接螺栓是否紧固，运行中注意观察温升是否正常。固定轴采用 2 号锂基润滑脂，每周进行润滑脂补充，若发现固定轴抖振或有异响，应停车检查。

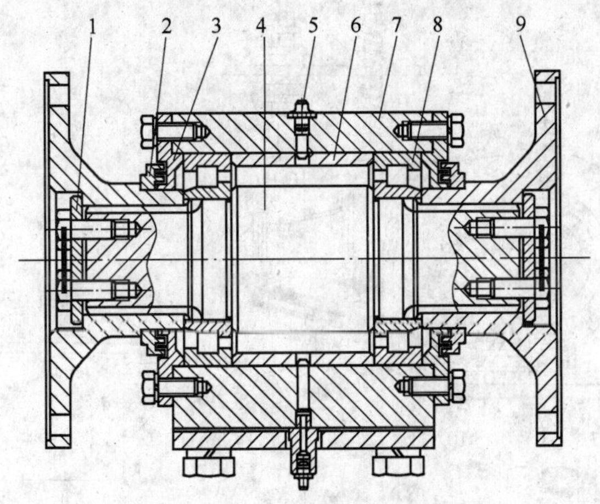

图 3-4 固定轴

1—挡板法兰;2—密封环;3—密封盖;4—轴;5—油杯;
6—隔套;7—轴承座;8—轴承;9—法兰

第五节 车轴齿轮箱

1. 试述车轴齿轮箱的结构及作用

车轴齿轮箱由上箱体、下箱体、前箱体、锥齿轮和圆柱齿轮等构成,如图 3-5 所示。

车轴齿轮箱是整个传动系统中的最后部分。它的作用是传递和增大到车轮的扭矩,并将绕车体纵轴的转动变成绕车轴轴线的转动。

2. 试述车轴齿轮箱的保养方法

车轴齿轮箱内装有润滑油,使用过程中应经常检查油量是否满足要求,油中杂质含量是否超标,必要时添加或更换润滑油。

新车走合期满后应换油一次,以后每运行 6 000 km 或使用半年换油一次。放油时应在油温未降低时进行。放净后

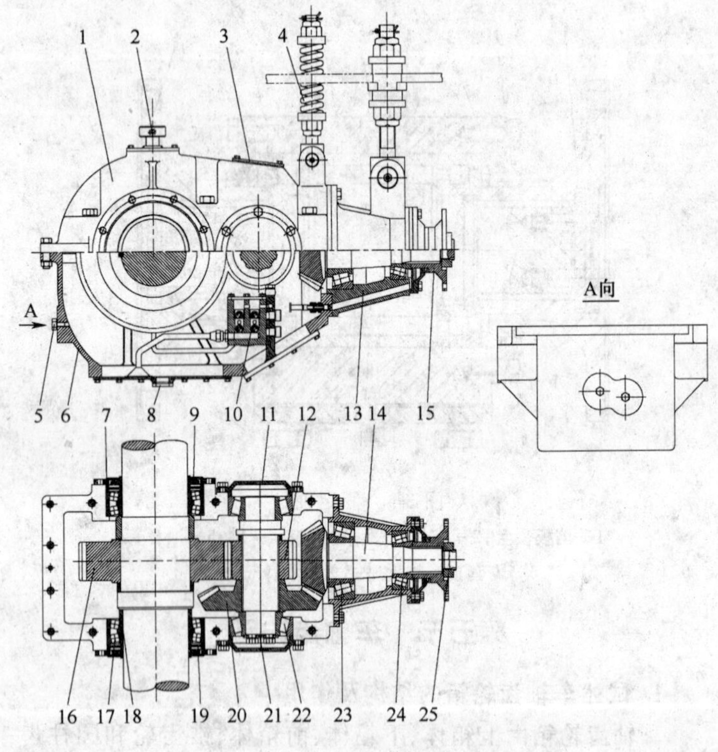

图 3-5 车轴齿轮箱构成

1—上箱体；2—透气孔；3—观察孔盖；4—悬挂装置；5—油位螺栓；6—下箱体；7—密封盖；8—放油堵；9—甩油盘；10—齿轮油泵；11—端盖；12—主动圆柱齿轮；13—前箱体；14—主动圆锥齿轮轴承；15—传动轴法兰；16—被动圆柱齿轮；17—滚动轴承；18—隔套；19—挡油板；20—被动圆锥齿轮；21—轴承挡板；22—轴承；23—轴承；24—轴承；25—锁紧螺母

用柴油或煤油冲洗壳体及齿轮，清洗油底壳放掉清洗油后加入新油，加油时应过滤以保持润滑油的清洁。

推荐润滑油牌号：SAE 80W/90 API GL-5 车辆齿轮油。

润滑油油量：以油面到上油位螺栓为准。

第六节　轮　　对

1. 试述轮对的结构

车轮与车轴是冷压结合的，其压装方法要求参照《机车车轮与车轴组装技术条件》TB 1463的有关规定。轮对结构如图 3-6 所示。

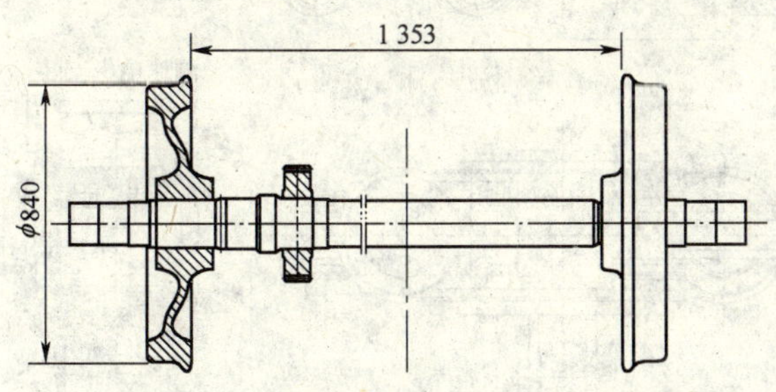

图 3-6　轮对

2. 试述如何进行轮对的保养

在运用期间，应检查轮对状态，要求轮缘无裂纹、轮轴移动标记无错位现象，并严格按铁道部有关机车车辆轮对探伤的规定，定期进行探伤。

3. 试述车轴轴承箱有哪些部件组成

车轴轴承箱采有无导框、弹性轴箱拉杆定位。它是用轴箱拉杆与构架弹性连接，同时它通过轴箱轴承和轮对连接，起到轮对的定位作用。轴箱装置由轴箱前盖、轴箱体、圆柱滚子轴承、轴箱拉杆、弹簧装置等组成。如图 3-7 所示。

4. 试述车轴轴承箱的维护保养方法

轴箱内填充有 3 号锂基润滑脂，润滑脂的容量为箱体内余隙的 2/3，每行驶 1 500 km 打开轴箱盖，检查油量及油质，必要时进行补充或更换。

新车走合期间，应经常注意检查车轴轴承箱的温度，防

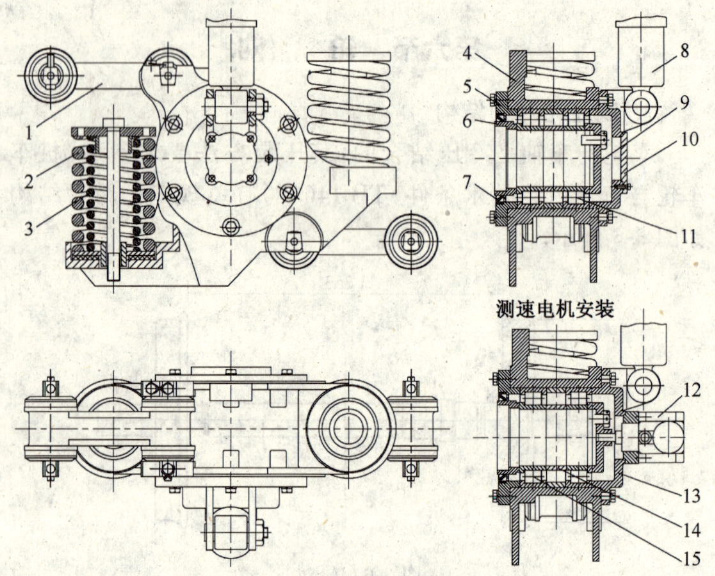

图 3-7　车轴轴承箱构成

1—轴箱拉杆；2—外簧；3—内簧；4—轴箱体；5—通盖；6—防尘座；7—油封；8—减振器；9—轴头压板；10—闷盖；11—轴承；12—测速电机；13—轴箱前盖；14—隔套；15—轴承

止过热。

车辆长距离运行途中，轴箱温度不得超过(0.6×环境温度+50℃)，应注意观测轴箱温度变化，如发现异常，必须立即停车检查处理，确保运行安全。

在车上施行电焊作业时，应在作业处所附近接地线，防止电流从轴承的滚子与滚道触点处通过而烧坏轴承。

第七节　牵引装置

1. 简述牵引杆装置的构造及作用

牵引杆装置主要由牵引杆、拐臂、连接杆、球面关节轴承、牵引销、拐臂销等组成，如图 3-8 所示。牵引杆装置用以传递转向架与底架之间的牵引力，并使转向架能相对于车体转动和横动。

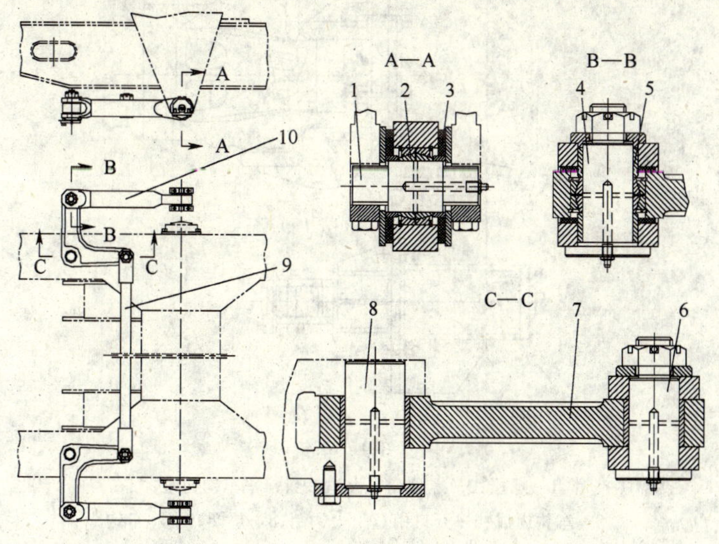

图 3-8　牵引杆装置构造

1—牵引杆销；2—关节轴承；3—橡胶垫；4—牵引销；5—轴套；6—连接杆销；7—拐臂；8—拐臂销；9—连接杆；10—牵引杆

2. 试述车钩的组成及检查项目

轨道车前后端安装有标准 2 号车钩。车钩的构造如图 3-9 所示。

在使用时，应经常检查车钩及各连接螺栓是否紧固，车钩闭锁、开锁、全开的三态作用是否灵活、可靠，以及检查车钩的磨损情况，车钩各项技术参数应符合“接触网作业车轨道车辆全面检查程序”的规定。

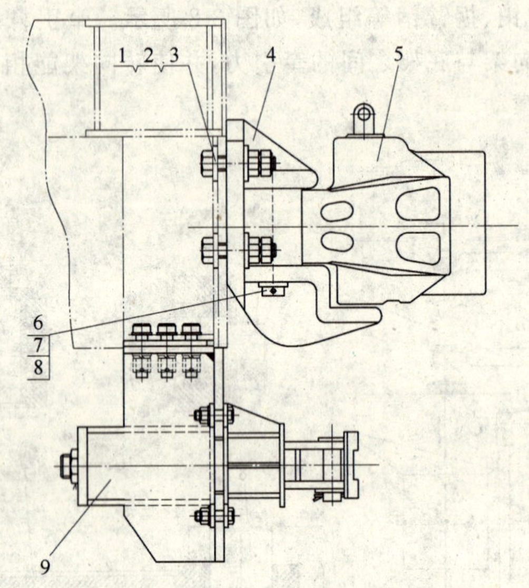

图 3-9　车钩

1—螺栓；2—螺母；3—大钩垫圈；4—车钩钩座；
5—车钩组成；6—开口销；7—大钩销；8—垫圈；9—小车钩

第四章　作 业 平 台

第一节　液压系统的基本构造和作用

1. 试述液压系统有何作用

接触网作业车安装有作业平台、随车吊(选装件)、紧线柱(选装件)等作业机构,它们都是由液压系统驱动,通过液压阀控制执行元件来完成各机构的升降,回转等动作。

2. 试述接触网作业车的液压系统主要部件组成

作业车的液压系统主要由齿轮油泵、溢流阀、电磁换向阀、双单向节流阀、平衡阀、油马达、油缸、手动油泵等组成。

3. 简述液压系统齿轮油泵是如何驱动的

齿轮油泵由变速箱上的取力器驱动,油泵的启动和停转通过操纵台上的取力开关控制如图 4-1 所示。

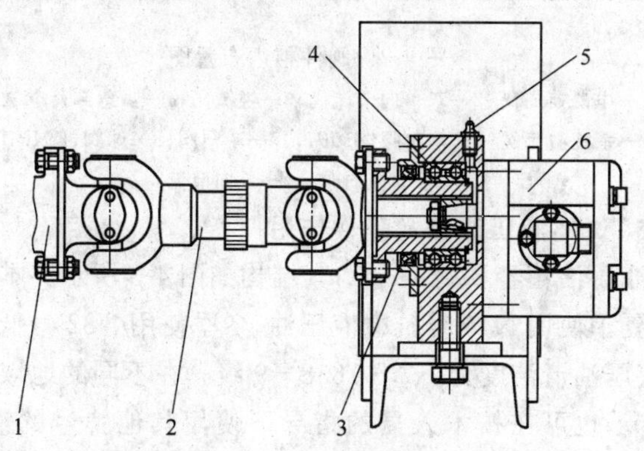

图 4-1　油泵驱动装置

1—取力器;2—传动轴;3—油封;4—轴承;5—油杯;6—油泵

4. 简述控制阀件的组成及布置

作业控制阀件集中于平台下部阀件柜中,阀件柜上部为电气操作面板和压力表,下部为两个集成阀块。阀件柜内布置如图 4-2 所示。

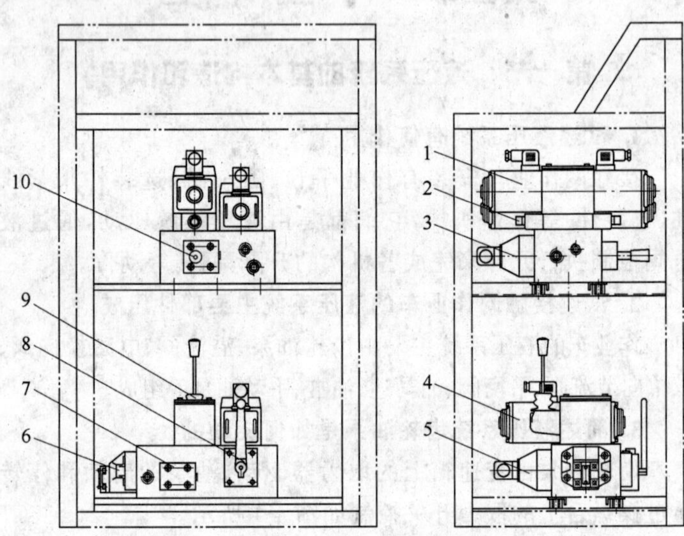

图 4-2　阀件柜内布置图

1—电磁换向阀;2—双单向节流阀;3—溢流阀;4—紧急卸荷电磁阀;5—系统溢流阀;6—单向阀(S10P1);7—单向阀;8—球阀(KHP-10);9—手动换向阀;10—单向节流阀

5. 试述液压油箱及辅件作用

液压油箱容积为 180 L,其结构如图 4-3 所示。本车液压系统夏季使用 N46 号抗摩液压油,冬季使用 N32 号低凝液压油,液压油清洁度为 NAS 1638－9 级。在不同的地域和不同的季节,也可在技术人员的指导下使用其他牌号的液压油,但不同牌号的液压油不得混用。

在液压油箱上安装有空气滤清器、进回油滤清器和液

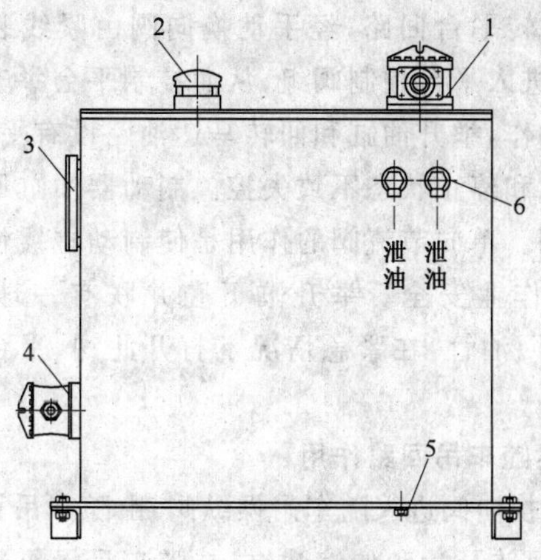

图 4-3　液压油箱

1—回油滤油器；2—空气滤清器；3—液位液温仪；
4—吸油滤油器；5—放油螺塞；6—泄油螺塞

位、液温计。

吸油滤清器具有自封性能，拧开外盖，即可将油箱与管路切断，可以进行系统的维修，如取出滤芯进行清洗或更换、拆卸油泵、油管等。

回油滤清器为精滤器，过滤精度为 20 μm，如果堵塞会增加系统回流背压，因此应定期拆洗或更换滤芯。

空气滤清器是保证液位变化时，箱内空气的顺利流通，并防止外界脏物进入油箱，也可以作为油箱的加油口使用。

液位、液温计可以直观地显示箱内液压油的温度和液面高度，工作时，油温不应超过 60℃，加注液压油时，油面应达到液位计的最高刻度线。

6. 试述液压系统回路作用

由油泵和手油泵出来的液压油经溢流阀调定为 12 MPa，进入工作液压系统。

升降回转平台回路，经手动换向阀由紧线装置电磁换向阀控制，进入平台控制阀组，从而控制平台举升油缸和回转马达的动作，举升油缸和回转马达油路设有平衡阀，以保持动作平稳和停止状态不致失控。制动器油缸回路上设有单向节流阀。单向节流阀的作用是使制动缸缓慢松开快速制动，保证作业安全。举升缸下腔并联有一球阀（YJZQ-J10N）直通回油管，在紧急情况下打开此阀，平台可依靠重力下降。

7. 简述随车吊回路作用

经手动换向阀进入随车吊操纵阀，由随车吊操纵阀控制卷扬马达、回转马达和伸缩油缸，与随车吊操纵阀并联的溢流阀起安全保护作用。

8. 简述紧线装置回路作用

经手动换向阀由紧线装置电磁换向阀控制，进入紧线装置控制阀组，从而控制紧线马达和举升油缸的动作。该回路设有溢流阀，保证紧线力。

第二节　液压系统的保养

1. 试述液压系统的保养方法

（1）首次使用 500 h 换油一次，以后每工作 2 000 h 或半年更换。如果未到换油时间而液压油变质的，也应更换。每次更换应将全部液压油放尽，并对油箱及整个系统进行清洗。加油时须用 120 目铜丝布滤网过滤后加入液压油箱。

（2）首次工作 20 h 和以后每工作 500 h 应清洗吸回油滤清器一次，换油和液压系统修理后也应清洗滤清器。

（3）每次出车前检查油箱油量、管路是否有松动，启动发动机后，油泵、马达、管路等是否有异响。

第三节　作业装置的构造

1. 简述回转升降作业平台的构造

回转升降作业平台由底座、立柱、平台升降机构、回转驱动装置、拨线装置、导线测量装置等组成，其结构如图 4-4 所示。

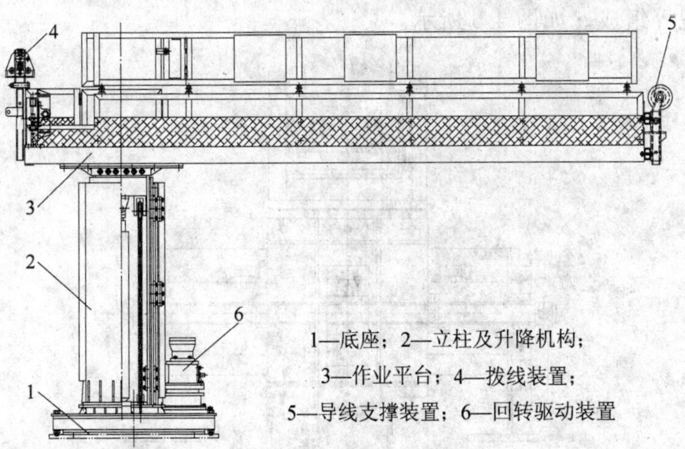

图 4-4　回转升降作业平台

2. 简述立柱及升降机构构造及技术要求

立柱为三节套筒同步伸缩式结构，通过油缸、钢丝绳带动套筒升降。

立柱升降时，其接触表面将发生磨损，因此要经常检查磨耗板与套筒接触面之间的间隙，及时补充润滑脂，当单侧间隙大于 1 mm 时，应增加磨耗板厚度（在非摩擦面加垫片）或更换磨耗板，使立柱间隙恢复至 0.4～0.6 mm。

经常检查链条的松紧度，当发现松弛时，可调节中间的调整套使之张紧。

3. 简述回转机构维护保养方法

在使用过程中，应经常向回转支承、轴承加注润滑脂，并在大齿圈上涂抹润滑脂，并对大齿圈和行星齿轮的齿合间隙进行调整。

4. 试述拨线装置的组成及使用方法

拨线装置由吊架、活动支架、固定支架、丝杆、拨线柱、摇把等组成。如图 4-5 所示。

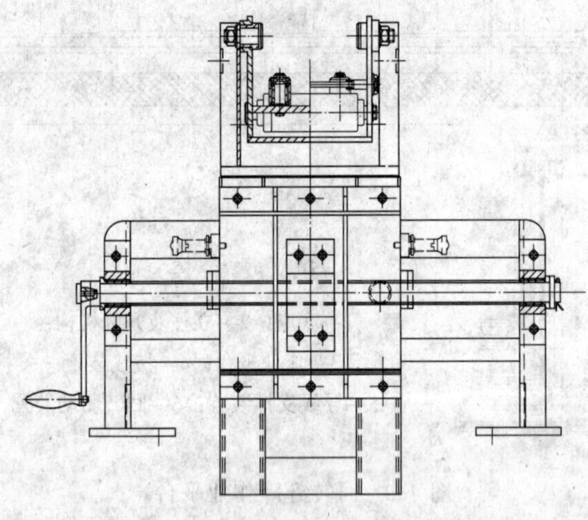

图 4-5　拨线机构

拨线装置的拨线范围为左右各 600 mm，安装在作业台后端，用于放线时引导承力索及导线，以及在调整导线时给导线拨出拉出值。

使用时，升起拨线柱支架并锁定好，松开挡线杆，把导线或承力索放于拨线柱之间，再扣好挡线杆，然后摇动手把，把导线或承力索拨到要求位置；使用完毕后，落下拨线柱支架并固定好。

5. 试述拨线装置的维护保养方法

拨线柱和丝杆、丝母要保持良好的润滑状态，动作应灵活，丝杆表面不允许锈蚀，拨线柱磨损后，应立即更换。

6. 试述导线支承装置的组成及保养

该装置由支承卷筒、活动支架、固定支架、插销等组成，安装在作业平台前栏杆外侧，用于放线作业时支撑导线，如图 4-6 所示。

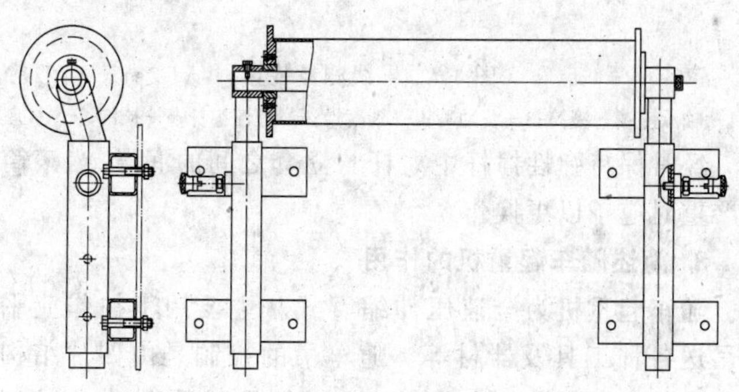

图 4-6　导线支撑装置

放线时升起卷筒，并固定好，工作完毕后落下卷筒。

在使用过程中，应定期给滚筒两端加润滑脂，使该机构活动支架升降灵活。

7. 试述导线测量装置组成及使用保养

(1)导线测量装置结构如图 4-7 所示，该装置不用时倒置，不占平台空间，使用时立起来，并用挂钩钩住栏杆。测量装置的滚筒侧安装有刻度尺，能测量接触导线的之字值。测量滚筒可在弹性撑杆的作用下随导线的高低上下运动，并始终保持与接触网接触。

(2)导线测量装置的维护和保养

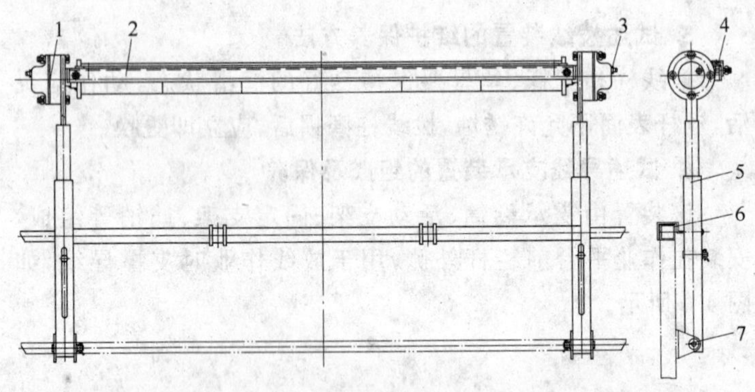

图 4-7　导线测量装置

1—轴承座;2—滚筒;3—黄油嘴;4—刻度尺;5—弹性撑杆;6—挂钩;7— 铰座

经常保持弹性撑杆中立杆与立套之间的润滑;当滚筒磨损严重时应予以更换。

8. 简述随车起重机的作用

随车起重机为全液压伸缩臂式。主要用于往作业平台上吊送各种工具及器材等。随车吊的控制是由四片结构相同的三位四通手动换向阀组成。它们是四联阀,分别控制随车吊的变幅、伸缩臂、卷扬及回转的动作。

9. 试述紧线装置由哪些部件组成

紧线装置由卷扬机构、支撑柱等组成。

卷扬机构由液压马达、减速机、卷筒、钢丝绳等组成。液压马达通过减速机带动卷筒运转,由卷筒带动钢丝绳将导线(或承力索)拉紧。结构如图 4-8 所示。

10. 试述紧线装置的保养方法

(1)定期检查耐磨板、卷筒支撑处轴承、线轮和钢丝绳的润滑情况,定期给各部加注润滑脂,保证其机构的灵活性。

(2)定期检查油缸的工作情况,保证管路和油缸的正常工作。当发现有异常情况应及时检修。

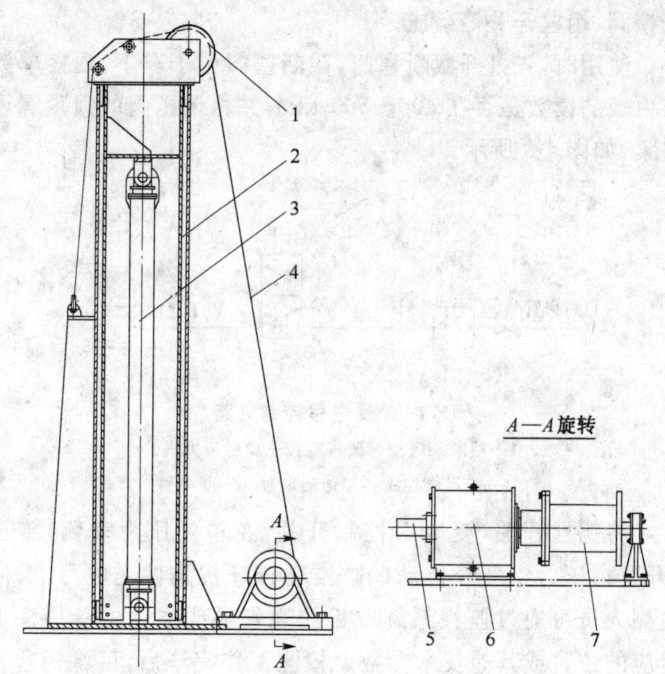

图 4-8　紧线装置

1—线轮；2—支撑臂；3—油缸；4—钢丝绳；

5—液压电动机；6—减速机；7—卷筒

(3)定期检查滑块的磨损情况。内、外柱的装配间隙1～3 mm，不满足时，应增加垫片调整间隙或更换磨耗板。

(4)每周给紧线减速机加注 30 号或 40 号机械油一次。

(5)每周给卷筒支座及导线轮加注润滑脂一次。

11. 试述检测装置有哪些机构组成

接触网检测装置，主要由受电弓、受电弓控制系统、接触网检测设备等组成，可完成对接触导线参数的检测。

12. 简述受电弓控制系统的组成及使用方法

受电弓控制系统主要由截断塞门、调压阀、单针压力表、电控阀、钥匙开关等组成。

使用时，先打开截断塞门，截断塞门位于车下，观察单针压力表的读数是否在 400～500 kPa，并将调压阀的锁紧螺母并紧，如图 4-9 所示。

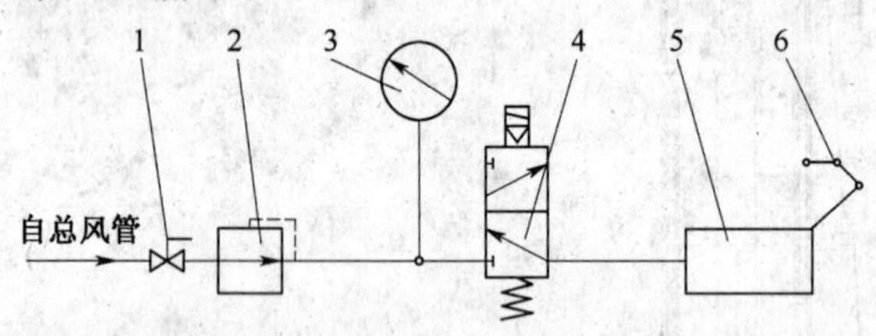

图 4-9　受电弓控制气路

1—截断塞门；2—调压阀；3—单针压力表；
4—升弓电控阀；5—传动风缸；6—受电弓

将钥匙开关（受电弓控制开关，在单针压力表侧）旋至"开"位，压力空气经传动风缸推动杠杆机构使受电弓上升，检测人员可通过监视系统或目测观察导线在受电弓弓头上对应的位置或其他技术参数。检测工作完毕后，可将钥匙开关旋至"关"位。传动风缸压力空气经升弓电空阀排入大气，受电弓即下降。

第四节　作业装置的操纵

1. 试述升降回转作业平台操纵的控制面板的设置目的

该机构共有两套操纵装置，一套设在平台上控制箱内，主要是为方便作业施工人员自己操纵，另一套在平台下的控制阀件柜上，主要作用是当上部操纵失灵时可以操纵使平台回位。上、下控制面板如图 4-10 所示。

2. 简述升降回转作业平台操纵程序

(1)将电气控制柜上的电源转换开关扳至后端操纵位，

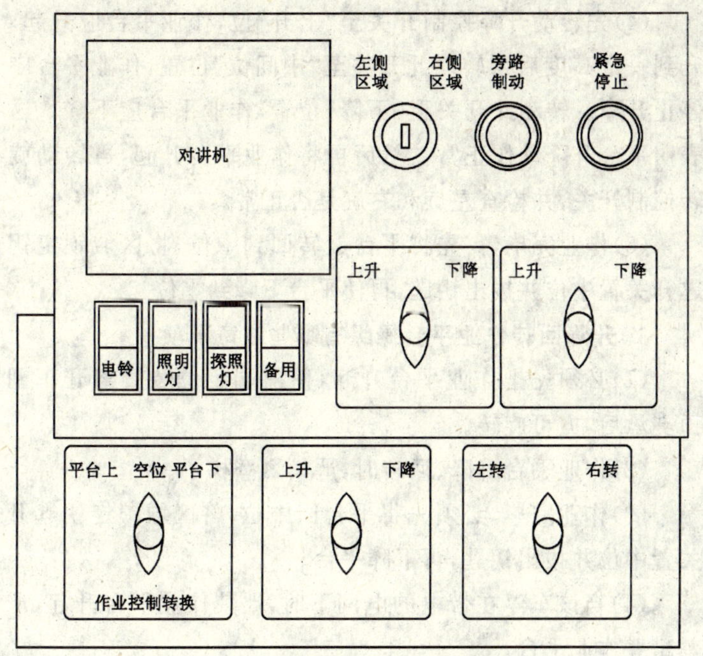

图 4-10　下控制面板

启动发动机，将发动机转速控制在1 000 r/min左右，踏下离合器，将操纵台上的取力器开关扳至“运转”位，变速箱取力电控阀得电，气缸动作，带动作业油泵工作，再缓缓地抬起离合器。

(2)将手动换向阀扳到“平台”位，下控制面板上的作业控制转换开关扳至“平台上”或“平台下”位。

(3)操纵控制面板上的区域锁定钥匙开关扳至“左侧区域”位，拔出钥匙，则平台只能在车左侧 120°范围内工作；若区域锁定钥匙开关扳至“右侧区域”位，拔出钥匙，则平台只能在车右侧 120°范围内工作。

(4)先转动升降控制开关至“上升”位,作业平台应升起。升到一定高度后再转动此开关至“中间位”位置,作业平台应停止升降。转动此开关至“下降”位置,作业平台应下降。这表明平台升降动作正常。然后再将作业平台升起,再转动旋转控制开关,并检查左旋和右旋是否正常。

(5)作业完毕,需先将平台旋转回到中位,将区域锁定钥匙开关置中位并拔出钥匙,再使平台下降到零位。

3. 升降回转作业平台操纵有哪些注意事项

(1)必须先把作业平台升起,使前端定位装置离开车棚顶支承后,方可旋转。

(2)作业平台升降、回转时,严禁攀登梯子。

(3)作业完毕,必须先将平台回中位,将区域锁定钥匙开关置中位并拔出钥匙,再下降平台。

(4)当该车停在带电的电网下时,严禁作业平台升起,严禁攀登作业平台。

(5)作业平台不得超载,回转中心不大于 1 000 kg,前端不大于 300 kg。

(6)工作完毕,作业平台上、下所有开关必须置中位。

(7)当有 6 级以上大风或弯道作业且外轨超高 120 mm 及以上时,应使用抓轨器,使用抓轨器时不得作业走行。

(8)车辆运行前,拨线装置应回复到中立位(平台纵向中心)。

4. 试述随车吊操作程序

(1)按升降回转作业平台的操纵程序(1),将发动机控制在1 000 r/min之间,带动油泵工作。

(2)将手动换向阀扳到“随车吊”位。

(3)根据需要操纵随车吊各手柄以获得各种动作。

5. 试述随车吊的操纵应遵守哪些注意事项

(1)必须先收起吊钩后,方可操纵回转手柄,将随车吊车转出原来位置。

(2)当使用回转时必须注意升降回转作业台的情况,原则上其他机构应恢复原位置。

(3)操纵中应按起重机安全规程操作。

(4)严禁超载起吊重物,幅度为最大时,起重量为150 kg,幅度为最小时,起重量为700 kg,最大仰角75°,回转360°。

(5)使用完后,必须复位,并将吊钩挂在地板上设置的挂钩上。

6. 试述如何进行紧线装置的操纵

(1)按升降回转作业平台的操纵程序(1),将发动机控制在1 000 r/min之间,带动油泵工作。

(2)将手动换向阀扳到“平台”位。

(3)打开支撑柱上的电气控制箱,将工作开关闭合,控制液压油经电磁换向阀进入紧线装置的工作系统。

(4)将升降开关扳到升位,则支撑臂上升,扳到降位,支撑臂下降,中间位停止。

(5)将卷扬开关扳到张紧位,紧线机构拉紧;扳到放松位,紧线机构卷扬放松。

(6)操纵完毕将所有开关扳回零位。

7. 简述紧线装置操纵应遵守的注意事项

(1)在紧线前应把支撑臂升到所需要的高度,禁止在紧线时升降支撑臂。

(2)当操纵支撑臂或紧线机构时,不得操纵升降回转作业平台,如果要操纵平台,必须将支撑臂及紧线机构复位且将紧线装置控制箱内的开关回零位。

(3)紧线时应注意紧线力与紧线溢流阀的关系。紧线溢流阀严禁非操纵人员调节。

(4)当车停放在带电的电网下时,严禁升起支撑臂。

(5)不允许支撑臂和卷筒同时动作。

8. 简述作业机构操纵应遵守的注意事项

(1)整个作业机构的动作只允许逐个地顺序操纵,严禁同时操纵两个以上机构动作。

(2)各作业机构操纵完后必须复位,并关闭作业系统电源,手动换向阀必须在中位(回油位置)。

(3)操纵者应密切注意周围情况。

9. 如何使用应急手油泵?

如果因动力原因或油泵本身故障造成系统不能工作时,应及时起用手油泵。

手油泵设在车棚后端液压油箱旁,用摇把来回摇动即可向系统提供压力油,使作业装置回位。回位过程中,应操纵作业装置的相应手柄或按钮。

10. 如何使用平台紧急停止控制装置?

为了防止作业平台运动失控而造成事故,液压系统中专门设置了一条紧急电控卸荷回路,急停控制按钮设在平台控制面板上。

正常情况下,紧急卸荷回路处于断开状态,系统工作不受影响,当在平台上操纵时,若关闭开关后平台不能停止动作(升降回转),立即按下控制盒内的“急停”按钮,平台即会停止运动,故障排除后,按照该按钮上箭头所示方向旋转该按钮即可使之复位。

紧急卸荷回路中电磁阀后设有一球阀(KHP-10),其作用是在紧急卸荷电磁阀发生故障而使整个液压系统建立不起压力时，可关闭球阀切断紧急卸荷回路即可建立起压力。电磁阀故障排除后应立即打开该球阀。

11. 如何使用手动回转机构？

作业过程中，若平台在超出机车车辆限界的情况下，因液压系统故障无法回转复位时，请立即使用该手动装置，使平台回转至中位，平台的回转是油马达驱动减速器，带动一个齿轮绕回转支承的大齿圈作行星运动实现的。在液压马达和减速器之间，设有一套手动回转机构，操作步骤如下：

(1)使用手油泵或调节制动油缸螺杆，松开制动带；

(2)拆下油马达上油管；

(3)使用随机配摇把连续转动手动回转装置，使平台转至中位后停下。如图 4-11 所示。

12. 如何使用平台紧急下降开关？

如果平台升起后升降控制开关不能使其下降回落，且不能及时查找原因排除故障时，将平台回转至中位后，打开平台紧急下降开关，使平台回落至初始位置。

该开关设在平台回转马达的旁边，只需逐步开启截止阀手把，即可使平台平缓下降。

13. 如何使用电磁换向阀应急手动按钮？

如果因电气故障或机械原因，电磁阀不能动作或者在某一位置卡死，按动电磁阀两端的应急按钮，使阀芯推至需要的位置，完成复位动作后再松开。

14. 试述平台上旁路制动按钮作用

平台控制台上设有旁路制动按钮。在紧急情况下，可通过按下此按钮使整车制动。只有按箭头方向旋转此按钮才可自动复位。

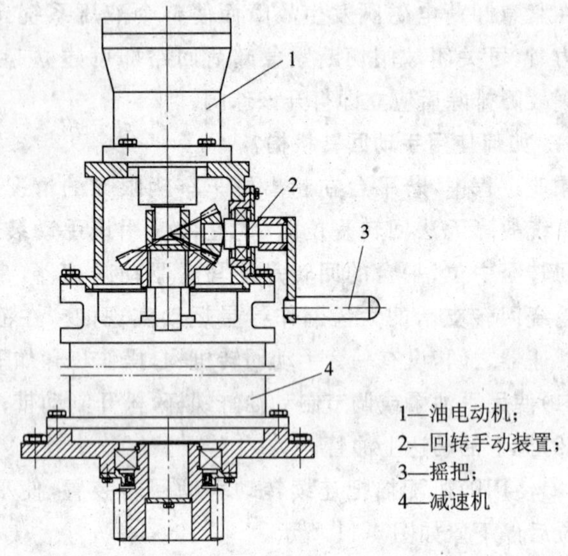

图 4-11　平台回转驱动手动装置

15. 如何使用紧线柱紧急下降开关？

如果紧线柱升起后按“下降”按钮不能使其下降回落，且不能及时查找原因排除故障时，可打开紧线柱紧急下降开关，使紧线柱回落至初始位置。

该开关设在平台后部的铁地板下，打开活动铁地板，转动手轮，使之松开即可使紧线柱平缓下降。

16. 如何进行故障状态时随车吊的复位操作？

若随车吊使用过程中液压系统出现故障，可采取以下方式迅速复位：

(1)吊臂回转：扳动手动换向阀至“随车吊”位，用力摇动手油泵并操纵回转控制手柄，使吊臂回转至行车位；

(2)吊臂回缩：先拧开伸缩油缸上腔油管接头，再拧松伸缩油缸下腔油管接头，让下腔油液缓慢溢出，让吊臂靠重力缩回；

(3)吊臂落下：先拧开变幅油缸上腔管接头，再拧松变幅油缸下腔管接头，让油缸下腔油液缓慢溢出，使吊臂落下。

除上述操作方式外，如果是机械油泵发生故障时，也可直接使用手油泵，使随车吊全部动作复位，并锁定吊钩。

第五节　液压系统常见故障的排除方法

1. 试述液压系统常见故障排除方法

液压系统常见故障及排除方法如表 4-1 所示。

表 4-1　液压系统经常见故障及排除方法

故　障	原　因	排 除 方 法
1. 油泵发响	1. 进油管路堵塞； 2. 进油管路漏气或破损； 3. 出油管或单向阀堵塞； 4. 油箱内油液太少； 5. 油液黏度过大； 6. 空气滤清器堵塞； 7. 油泵损坏	1. 清洗滤清器进油管； 2. 紧固接头或更换管路； 3. 清洗或更换； 4. 加油至规定油位； 5. 换油； 6. 清洗或更换滤芯； 7. 更换
2. 油管发响	1. 管路未固定好； 2. 管路堵塞或泄漏； 3. 管路接错； 4. 控制阀未回到位； 5. 液压油脏或黏度过大； 6. 滤清器堵塞	1. 紧固； 2. 清洗或更换； 3. 按规定连接； 4. 清洗或更换； 5. 换油； 6. 清洗或更换
3. 油温过高	以上两种故障均会导致液压油发热	采取相应办法

续上表

故障		原因	排除方法
4. 作业平台无上升下降	操作时总油压表显示有压力	1. 升降电磁换向阀下的节流阀开口太小； 2. 平衡阀损坏； 3. 升降柱卡住； 4. 管路堵塞或接错； 5. 安全溢流阀压力低(≤5 MPa)	1. 调节节流口大小； 2. 修理或更换； 3. 排除异物及故障； 4. 清洗管路并按规定连接； 5. 调整至 5 MPa
	操作时总油压表显示无压力	1. 作业台电源未按通或未打开； 2. 升降电磁换向阀未通电或损坏； 3. 管路接错； 4. 安全溢流阀卸荷或损坏。 5. 紧线装置控制箱中电源未关闭	1. 打开电源开关并使其可靠接通； 2. 检修电路或更换电磁换向阀； 3. 按规定连接管路； 4. 调整溢流阀若无变化则更换。 5. 关闭控制箱内电源开关
5. 作业平台无回转	操作时总油压表显示有压力	1. 回转制动带未打开； 2. 回转电磁阀下的节流阀开口太小； 3. 电动机或减速机卡住； 4. 电动机或减速机损坏； 5. 管路堵塞	1. 调节螺杆使制动带松开； 2. 加大节流阀开口； 3. 排除异物及故障； 4. 修理或更换； 5. 清洗管路
	操作时总油压表显示无压力	1. 回转溢流阀压力调整过低； 2. 回转电动机或减速机坏； 3. 回转电磁阀未通电或损坏。 4. 紧线装置控制箱中电源未关闭	1. 调整溢流阀压力至规定值； 2. 修理或更换； 3. 检修电路或更换电磁换向阀。 4. 关闭控制箱内电源开关
6. 随车起重机无动作	压力表显示有压力	1. 操纵方向错误； 2. 执行机构发卡； 3. 操纵阀损坏； 4. 管路堵塞	1. 按正确方向操纵； 2. 检查的、排除异物； 3. 修理或更换； 4. 清洗
	压力表显示无压力	1. 液压油箱内油少； 2. 管路、阀件漏油或内泄； 3. 操纵阀损坏	1. 加油到规定位置； 2. 修理或更换； 3. 修理或更换
	其他	按起重机使用保养说明书。	
7. 使用手油泵无动作		1. 进油管堵塞； 2. 出油管堵塞； 3. 出油单向阀堵塞或坏； 4. 手油泵坏	1. 清洗； 2. 清洗； 3. 清洗或更换； 4. 更换

续上表

故障		原因	排除方法
8. 紧线装置无卷扬	1. 总压力表显示有压力	1. 管路堵塞或接错。 2. 电动机、减速机或卷筒卡住。 3. 电动机或减速机损坏	1. 清洗管路并按规定连接。 2. 排除异物及故障。 3. 修理或更换
	2. 总油压表显示无压力	1. 支撑臂操纵箱内电源开关未闭合或虽闭合但未接通。 2. 二位电磁换向阀或三位电磁换向阀未通电或损坏	1. 闭合电源开关,使电可靠接通。 2. 检查电路或更换电磁换向阀
	3. 按动故障按钮后仍无动作,总油压表无压力	1. 管路接错。 2. 两位电磁换向阀内泄。 3. 三位电磁换向阀内泄	1. 按规定连接管路。 2. 清洗或更换。 3. 清洗或更换
	4. 按动故障按钮后仍无动作,总油压表有压力	1. 管路堵塞或接错。 2. 电动机、减速机或卷筒卡住。 3. 电动机或减速机坏	1. 清洗管路并按规定连接。 2. 排除异物及故障。 3. 修理或更换
9. 紧线装置无升降	1. 操作时总油压表显示有压力	1. 单向节流阀开口太小 2. 液控单向阀坏; 3. 支撑臂卡住; 4. 管路堵塞	1. 加大节流口; 2. 更换; 3. 排除异物; 4. 清洗管路
	2. 操作时总油压表显示无压力	同8项2	同8项2
	3. 按动故障按钮仍无动作	同8项3、9项1	同8项3、9项1

第五章　H-6 型制动机

轨道车采用空气制动与手制动两种制动方式。空气制动是轨道车的主要制动系统，它通过对空气制动机和其他附件的控制，使风压发生变化而产生制动、保压和缓解功能；手制动的作用主要是在轨道车停放时防止溜逸，也可以在紧急情况下配合空气制动进行制动，或在行驶中遇空气制动失效时进行制动。

第一节　结构与原理

1. H-6 型制动机是怎样在轨道车上使用的？

目前轨道车所采用的制动机是以 H-6 型和 ZJ-7 型为主。H-6 型自动制动阀在轨道车上仅使用了总风缸口，制动管口和均衡缸口，其他减压阀（给风阀）管口、作用筒管口和联络缓解管口都堵塞不用。轨道车所采用的制动机，是以压缩空气作为动力，通过各部件的作用，推动闸瓦与车轮产生摩擦力制止车轮转动实现制动。

2. 试述 H-6 型制动机有何特点

H-6 型制动机使用的三通阀的作用原理是通过控制三通阀的主活塞在其左右两侧（即内外两侧）出现压力差（也叫压力平衡）而发生动作的机构。我们通常称为“二压力机构”的“软性制动”。其特点：

（1）当制动管以一定量减压时，三通阀立即发生制动作用，它具有灵敏度高的特点；

（2）车辆制动后再充风，当制动管压力高于制动风缸压力 19.6 kPa 时，立即使制动缸的压缩空气通过三通阀排入大气，使整个列车制动一次缓解完毕；

(3)当制动管压力发生微小泄漏时，不产生制动作用，它具有稳定性的特点。

3. 试述 H-6 型制动系统的组成

H-6 型制动系统如图 5-1 所示。

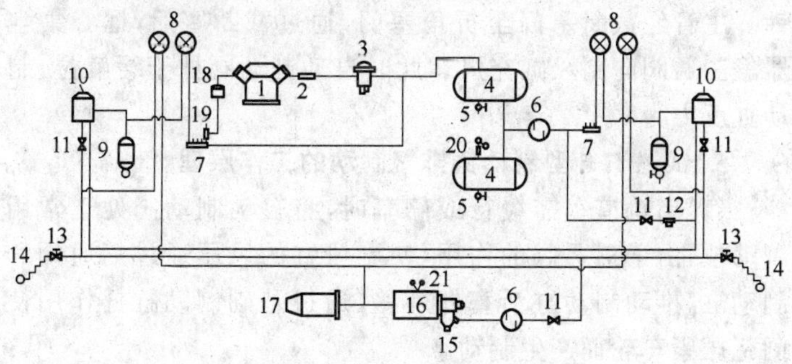

图 5-1 H-6 型制动系统

1—空压机；2—单向阀；3—油水分离器；4—风缸；5—放水阀；6—远心集尘器；7—分配器；8—双针压力表；9—均衡风缸；10—H-6 型自动制动阀；11—截断塞门；12—M-3A 型减压阀；13—折角塞门；14—软管连接器；15—三通阀；16—副风缸；17—制动缸；18—空气滤清器；19—压力调节器；20—安全阀；21—缓解阀

4. 试述制动机充风缓解的工作原理

H-6 型制动机充风缓解的工作原理：空气制动系统的动力来源于 W-0.9/8B 型三缸空气压缩机（只要发动机运转就可以工作），大气从空气滤清器被吸入，压缩成 700 kPa，经单向阀、油水分离器分成两路，一路经支管进入前分配器，接通前端双针压力表的红针，以显示总风缸的风压；另一路经主管进入左端总风缸。后端总风缸经风管连通右端总风缸，其上部装有安全阀。制动系统要求安全阀在压力达到 810 kPa 时，应迅速开启，当下降到 760 kPa 时立即关闭。左端总风缸排出的压缩空气再经支管上的远心集尘器又分成两路，一路通后分配器，并接通双针压力表，同时显示总风缸压力。另一路经截断塞门，M-3A 型减压阀通往两端司机室内的 H-6 型自动制动阀，最后通向制动管。

压力空气经减压阀后调整为 500 kPa，分至前后端 H-6 型自动制动阀和前后端均衡风缸；并经支管至双针压力表黑针。主管经截断塞门至折角塞门，通过截断塞门，远心集尘器经三通阀向副风缸充风。此时自动制动阀处于缓解位，制动缸压力为 0。

5. 试述 H-6 型制动机排气制动的工作原理

(1)当轨道车需缓行或停车时，将自动制动阀处于常用制动位，由于三通阀的作用，使副风缸的风压通过三通阀和制动缸，推动制动缸活塞杆外移，通过基础制动缸杆作用使闸瓦压紧车轮而产生制动。

(2) 当轨道车紧急制动时，自动制动阀置于非常制动位，三通阀使副风缸的风压以及制动管的部分风压通过三通阀进入制动缸，使制动缸活塞迅速向前推动制动杠杆，使闸瓦迅速压紧车轮。

(3)当轨道车需要继续行驶，自动制动阀置于缓解位，总风缸向制动管充风，并通过三通阀向副风缸充风。而制动缸的风压通过三通阀排风口排向大气，制动缸回位弹簧推动活塞向后方移动，通过基础制动的杠杆使闸瓦离开车轮，解除制动，称为缓解。轨道车的缓解时间不得超过 35 s。

(4)在副风缸筒中部，装有缓解阀，当空压机不供给风压，而车辆要移动时，可利用缓解阀直接排出副风缸的压力空气，达到缓解的目的。

(5) 轨道车空气制动系统的充风时间(即总风缸压力由 0 到 800 kPa)不大于 5 min。

由于两端操纵，因此对非操纵端应进行相应的锁定处理。

6. 简述空气压缩机的组成及工作原理

空气压缩机为单级、风冷、往复活塞式，气缸为 3 缸 W 型。空气压缩机的组成见图 5-2。

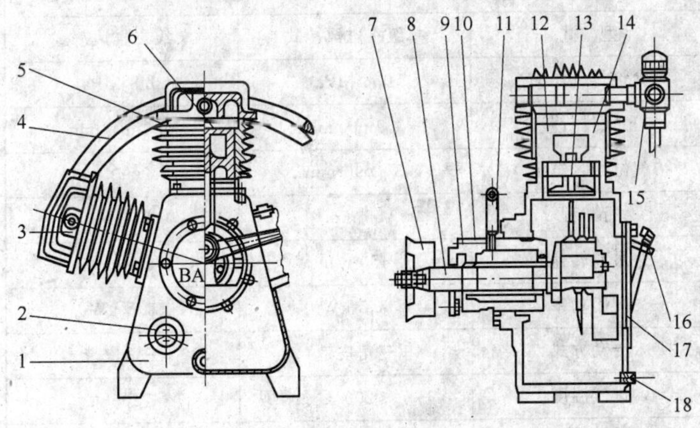

图 5-2　空气压缩机

1—机体；2—油位显示器；3—气缸盖；4—排气管总成；5—气缸；6—进排气阀；7—风扇轮；8—曲轴；9—轴承盖 10—轴承座；11—呼吸管；12—活塞；13—活塞销；14—连杆；15—呼吸管总成；16—前盖；17—单向阀；18—放油塞

工作原理：

发动机以三角皮带联接空气压缩机皮带轮，通过曲轴、连杆、活塞组件的往复运动，使气缸容积发生变化，由此而产生的压力气体由排气阀排出气缸，经单向阀进入总风缸。当总风缸压力超过额定压力时，压力气体将调节阀顶开经过管路进入卸荷阀体，将卸荷阀内活塞向上推动与阀体闭合，堵塞进气通道，空气压缩机进行空转。当总风缸内压力降至额定压力以下时，调节阀内弹簧使阀塞回位，卸荷阀亦恢复原状，空气压缩机开始正常工作。

7. 试述空压机主要技术规格

空压机主要技术规格见表 5-1。

表 5-1 空压机主要技术规格

型　号	W-0.9/8-B 型	V-0.6/8-B 型
型　式	单级三缸风冷式	单级二缸风冷式
允许排气压力	0.8 MPa	0.8 MPa
最大排气量	0.9 m^3/min	0.6 m^3/min
气缸数×缸径	3×ϕ90 mm	2×ϕ90 mm
行　程	55 mm	55 mm
最高转速	1 450 r/min	1 450 r/min
配用功率	7.5 kW	5.5 kW
传动方式	三角皮带	三角皮带
排气温度	≤200 ℃	≤200 ℃
润滑温度	≤ 70 ℃	≤70 ℃

8. 空压机在使用维护保养中应注意哪些事项?

(1)操作人员必须首先熟悉压缩机说明书中的各项内容和部件总成结构。

(2)夏季用 19 号压缩机油,冬季用 13 号压缩机油。

(3)一般使用 500 h 左右须更换新机油,放油时应将机体油底的沉淀物清洗干净后再加新油。(首次在 100 h 后换油)

(4)启动压缩机前,应检查油位高度,确保润滑油在油位上下线之中。新机首次使用应空转半小时后再逐渐升高压力。

压缩机升高到额定压力(800 MPa)后,应检查润滑油位,检查有无漏油,漏气及异常响声,检查自动调节系统、自动卸荷系统和安全阀工作的灵敏度是否正常。待一切正常后方可正式运转使用。安全阀压力调节到1.1倍工作压力时能开启即可。

(5)卸荷阀内空气滤清器正常使用250 h后应进行清洗。

(6)安全阀的可靠性每季度必须检查一次。

(7)随时观察润滑油位置，补充加入时要经滤网过滤。

(8)进排气阀组每季度或运转500 h左右检查并清洗积炭和污垢。

(9)若空压机长期停用，要将气缸上的阀组拆下清洗、油封保存，并在气缸活塞表面、各开口处用纸涂油封好。

(10)安装时应注意空压机与发动机皮带轮组装平整。正常运转情况下，如发现空压机泵风时间超过规定值，应检查单向阀是否失灵，要及时检修，以免造成曲轴连杆扭断故障。

9. 简述空压机的故障判断及排除方法

如表5-2所示。

表5-2 空压机故障判断及排除方法

故障现象	产生的原因	排除方法
声音不正常，机内有敲击声	1. 压缩机运行件磨损严重	换新件
	2. 活塞顶部与气阀底面积炭多，机器零件损坏	检查清洗研磨气阀，换新件
	3. 垫片厚度不足，活塞端面敲击气阀	检修加垫
耗油量过大	1. 曲轴箱、加油盖或放油管等处漏油	紧固修理换新
	2. 运行件磨损严重或第二道活塞环装反而引起窜油	换新件或重装
	3. 加油量过多	在标尺二线间

续上表

故障现象	产生的原因	排除方法
断裂	1. 曲轴箱未加油运转	加油
	2. 油面低于下油线或没加规定号润滑油而引起爆燃	按规定加油
	3. 润滑油污染变质	换油
	4. 体内零件损坏	检查排除
	5. 油针断裂	换新
	6. 气温过低,润滑油凝固造成润滑系统故障	换油
	7. 润滑油路堵塞	清洗检查排除
排气量不足	1. 进排气阀片或弹簧碎裂,阀片划伤或损坏,阀口有毛刺,污物等产生泄漏	清洗检修,更换新件
	2. 气阀上下端面垫片不密闭	修理换新件
	3. 各气路漏气	修理换新件
	4. 空气虑清器长期不清洗,阻塞大或使用的滤芯太密	清洗或更换
	5. 气阀进排气孔有堵塞	清洗
	6. 空压机活塞、活塞环磨损严重	换新件

10. 简述空压机设负荷调节器有何作用

空压机设有负荷调节器,在额定压力下。其压强可随工作需要进行调节,以保证正常工作及安全。在超压情况下,能自动调节成空运转,而在压力降低时,能自动恢复进行负荷运转,这主要是卸荷阀和调压阀协调工作起的作用。调压阀与卸荷阀组成空压机的压力自动控制装置,调压阀装在轨道车的分配器上。如图 5-3 所示。

正常情况下,调压阀的针阀 1 在弹簧 2 的作用下,使阀芯 4 与阀体 5 下锥体贴紧密封,但当总风缸风压超过规定压力时,阀芯克服弹簧推力向上升起与挡圈 3 接触,此时阀芯上端面与挡圈密封,高压空气通过下密封面进入阀体,然后进入卸荷阀,推动活塞 6 向上,克服弹簧 7 的压力,使橡胶密封垫

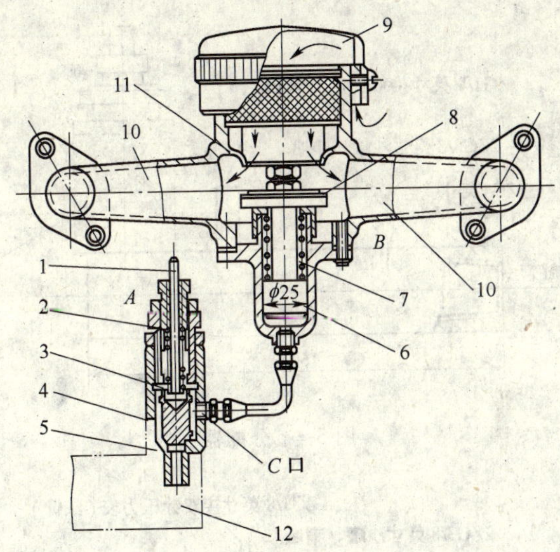

图 5-3　负荷调节器

1—针阀杆；2—弹簧；3—挡圈；4—阀芯；5—阀体；6—活塞；
7—弹簧；8—胶垫；9—空气滤清器；10—进气管；11—阀体口

8 压紧阀体口 11，堵塞空气进入空压机的气缸，形成空压机空转，达到卸荷、安全和降低动力消耗的目的。

当总风缸压力降到规定值时，调压阀弹簧将阀芯推向阀体下的锥孔，紧贴密封，因而管路气体压力下降，卸荷阀弹簧推动活塞下降，橡胶密封垫脱离阀体口 11，空气通过空气滤清器进入气缸，空压机继续运转。

11. 试述分配器的作用原理

轨道车前、后端各有一个分配器，如图 5-4 和图 5-5 所示。分配器是一个多通路接头，用六角钢制成。它将压力空气分配给总风缸、压力表、气喇叭和撒砂器的存砂罐等部件。

12. 试述单向阀的作用

单向阀的作用是使压力空气只能单向流动到油水分离

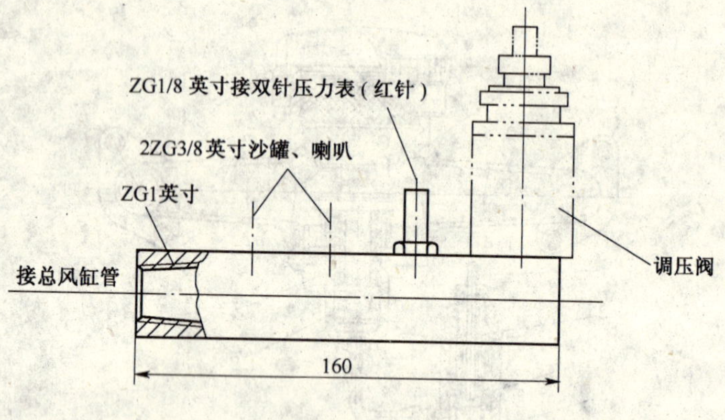

图 5-4　分配器

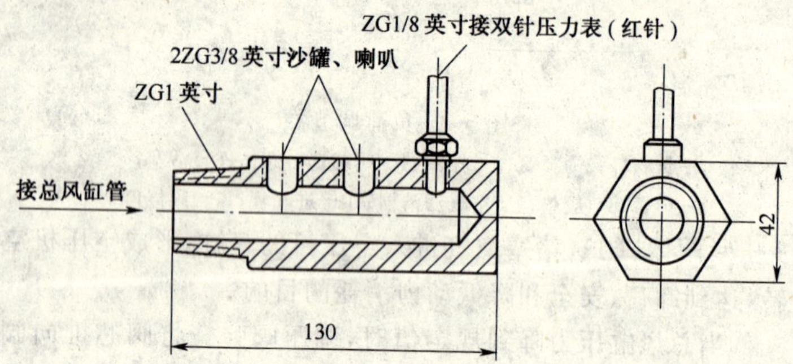

图 5-5　分配器

器，而不能返回流动，如图 5-6 所示。

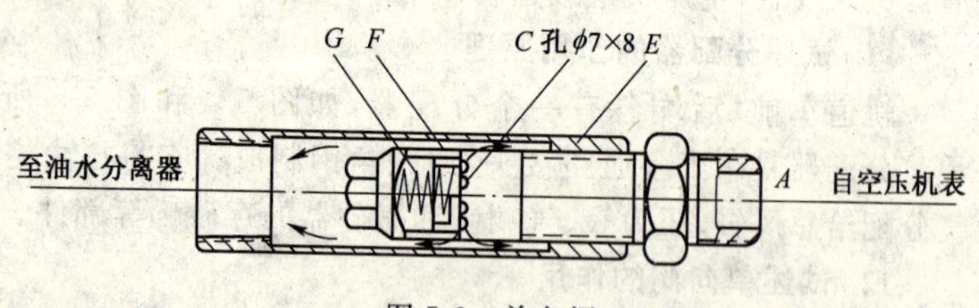

图 5-6　单向阀

压力空气进入管内后，推动弹簧座移动，从C孔溢出，在接管E空间内流向油水分离器，当压力降低或空压机不运转时，弹簧推动弹簧座回到封闭孔口。

13. 试述油水分离器的作用

油水分离器的作用是使压力空气进入总风缸之前，滤去油、水等杂物，它的工作压力为780 kPa从单向阀来的压力空气，在筒体内形成旋涡，在上部装有洁净的钢屑，使空气中含有的油、水杂物沉淀于筒底。每日出车前乘务人员打开放水开关，使油水杂物排出筒外。如图5-7所示。

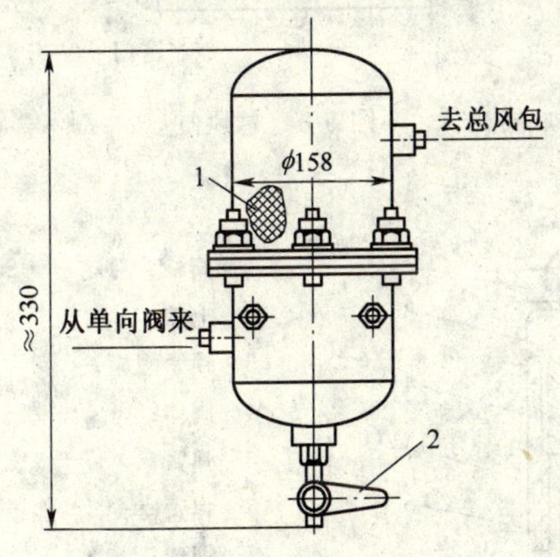

图5-7 油水分离器

1—钢屑；2—放水阀门

14. 试述总风缸的构造

总风缸为左右各一只，用来存储冷却的高压气体。

每只容积为120 L。（功率大的轨道车采用250 L），由钢板滚制并焊接而成，如图5-8所示。对于风缸需经980 kPa的水压试验，保压3 min，不得渗漏。

15. 试述安全阀的构造及作用原理

安全阀构造如图5-9所示。

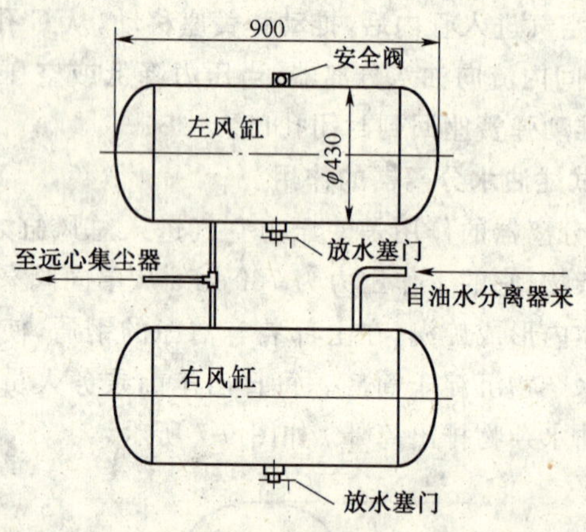

图 5-8　总风缸

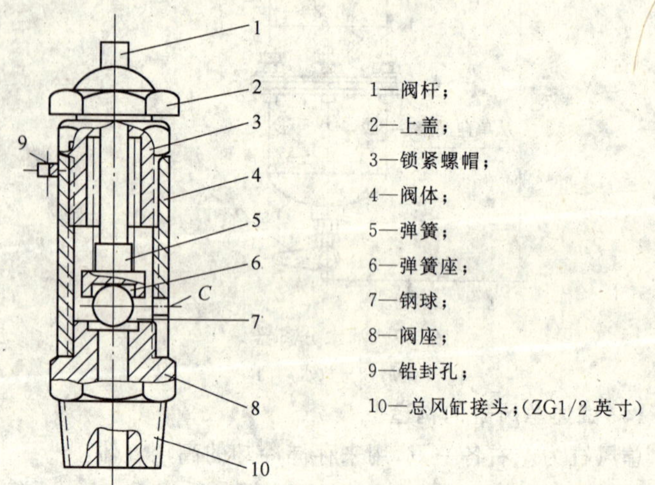

图 5-9　安全阀

安全阀装于左总风缸的上端，为空气制动系统的保护装置。当总风缸压力达到和超过 810 kPa，压力空气从阀座孔顶起钢球，从阀体侧孔 C 外溢，降低风压。当总风缸风压降低至额定压力 710 kPa 时，弹簧回位，钢球又紧贴阀座口，封闭气体外溢，保持制动系统额定压力。

最高和最低压力出厂时已调定。如需要从新调整，则在调定后施封，非专业人员不得随意启封。

16. 试述远心集尘器的构造

远心集尘器的构造如图 5-10 所示，它由本体和集尘盒两个主要零件组成，用螺栓连成一体。

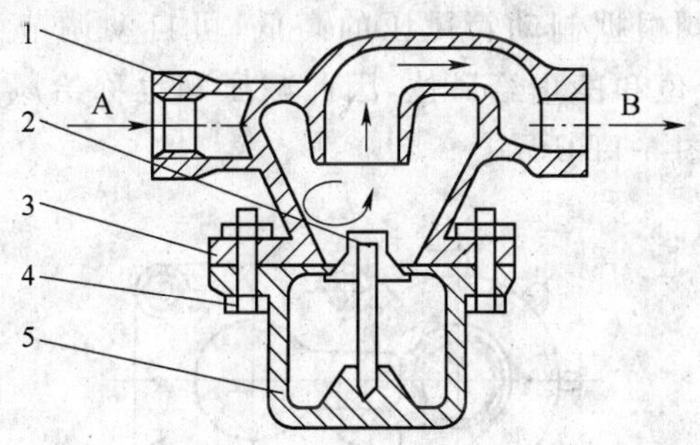

图 5-10　远心集尘器

1—本体；2—止尘伞；3—垫；4—螺栓及帽；5—集尘帽

17. 试述远心集尘器的作用

轨道车上采用两只远心集尘器，一只安装在右总风缸的后面，经集尘器后与分配器相接；另一只安装在 103、104 型分配阀前面，承接自制动管经集尘器后的洁净空气。其功用使压力空气在集尘器内产生涡流，将灰尘、水分和锈垢等杂物沉淀到集尘盒内，以保持制动部件的洁净。

在集尘盒内装有一垂直固定杆，顶端安装一个止尘伞，可自动摆动。压力空气进入集尘器后，由于涡流，流动方向骤然改变，风压也随之降低，气体中所含的不洁净物质因离心力作用和自重下落到止尘伞上，因受气流影响，止尘伞不停摆动，不洁净物体坠落到集尘盒内。当制动管减压时，止尘伞被吸引上升，封住内边缘防止尘垢回流。

18. 试述减压阀的作用

在总风缸与自动制动阀之间，设减压阀一只。其功用是将总风缸经风管输出的压力空气，经减压阀降为 500 kPa，避免由于制动力过大，使闸瓦抱死轮对造成滑行而擦伤车轮，同时它能使制动管经常保持规定压力，不使因微小泄漏而发生自然制动。

减压阀根据制动管风压的高低，可自动调节为半给风位、全给风位和停止给风位，因此减压阀也称给风阀。减压阀外形如图 5-11 所示。

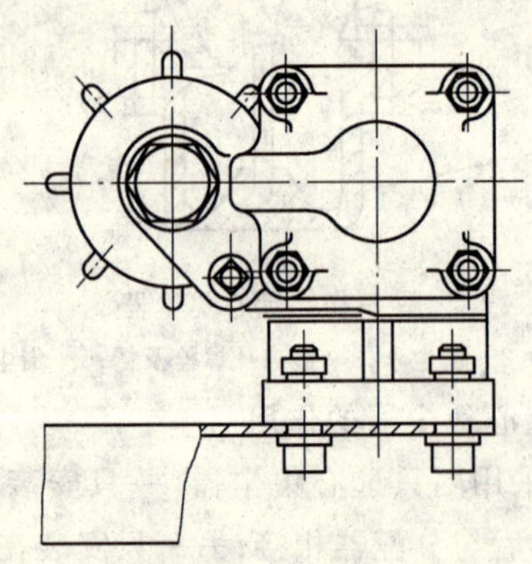

图 5-11 减压阀

19. 试述减压阀半给风位的作用

当制动管风压比规定低时，膜片上方的风压低于弹簧作用力，膜片被顶上突，推动针阀向上，形成间隙，活塞上方 A 室的气体经过针阀间隙和膜片顶部周围空间，经暗道 D 进入活塞下方，B 室的压力空气推动活塞，又因活塞上下两面压差较小，供给阀块仅能开放半个供给口，因此进入 B 室的压力空气也流向制动管；同时有一部分气体经暗道 E 进入活塞上方A室储存。如图5-12所示。

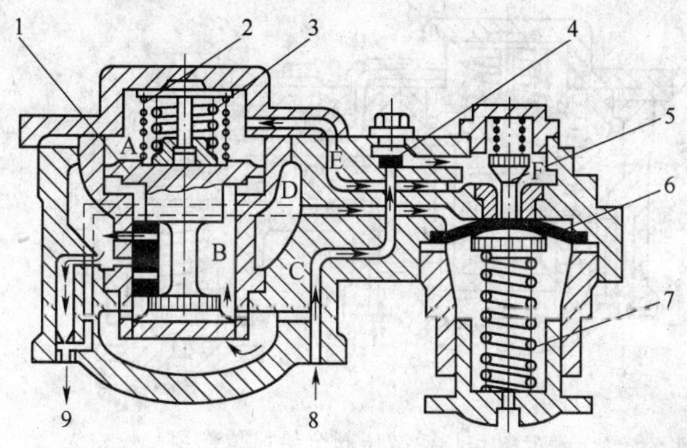

图5-12 减压阀半给风位作用

1—活塞；2—组合弹簧内簧；3—组合弹簧外簧；4—缩口风堵；5—针阀；6—膜片；7调整弹簧；8—接总风缸；9—接列车管路

20. 试述减压阀全给风位的作用

当制动管无风压或风压低时，活塞上方A室压力小，下方压力大，由总风缸进入B室的压力空气推动活塞上移，将组合弹簧全压缩，阀块的两个供给口全开放，总风缸气体向制动管呈全给风位。由总风缸来的高压气体经暗道C和缩风口堵与膜片周围空间经暗道D汇流入制动管，A室的气体也同时流入制动管。全给风位如图5-13所示。

21. 试述减压阀停止给风位作用

当制动管风压达到规定压力时，气体从制动管经暗道口至膜片上方，克服调整弹簧推力将膜片压平，此时，针阀下落封闭座口，堵塞经暗道去制动管的通道，由总风缸来的压力空气，只能由暗道C经缩风口堵至调压阀室F，再经暗道E进入A室，推动活塞下落，因而带动供给阀块下移封闭供给口而呈停止给风位。此时，活塞上下两面的压强平衡。

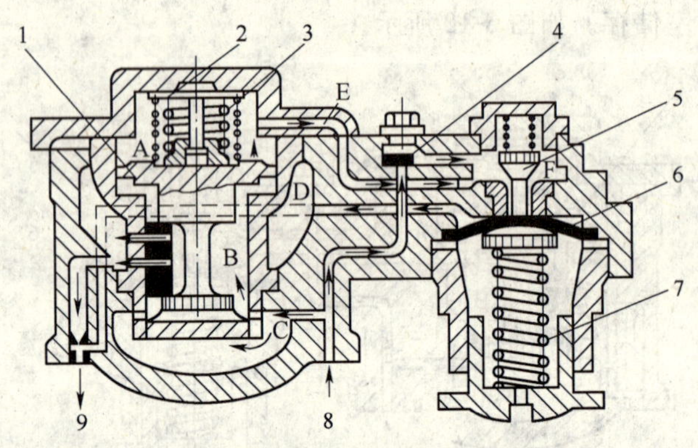

图 5-13　减压阀全给风位作用

1—活塞；2—组合弹簧内簧；3—组合弹簧外簧；4—缩口风堵；5—针阀；6—膜片；7 调整弹簧；8—接总风缸；9—接列车管路

当制动管风压有所降低时，活塞下上两面又产生压力差，调整弹簧又将膜片顶突再形成供给或半供给位，这样使制动管能经常保持规定压强。停止给风位如图 5-14 所示。

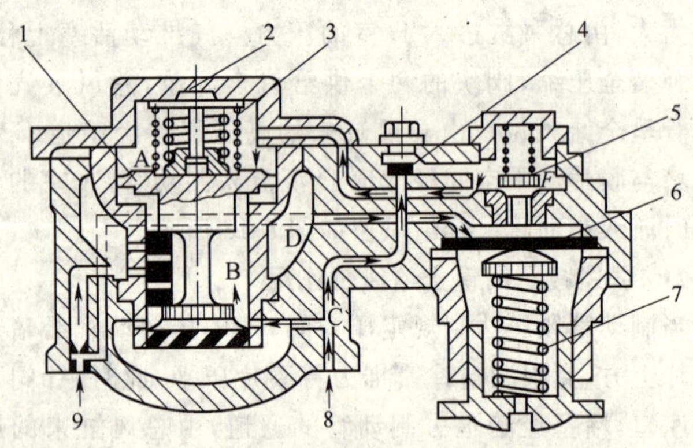

图 5-14　减压阀停止给风位作用

1—活塞；2—组合弹簧内簧；3—组合弹簧外簧；4—缩口风堵；5—针阀；6—膜片；7—调整弹簧；8—接总风缸；9—接列车管路。

22. 试述 H-6 型自动制动阀的组成

H-6 型自动制动阀由阀上体(内装有回转阀)、阀座、阀中体(内装有均衡活塞)和管座(其连接总风缸、减压阀、均衡风缸、制动管、作用筒和缓解管等 6 根管道)四部分组成。

在轨道车上仅使用其三条管路,即总风缸管,均衡风缸管和制动管,其余堵塞不用。见图 5-15 所示。

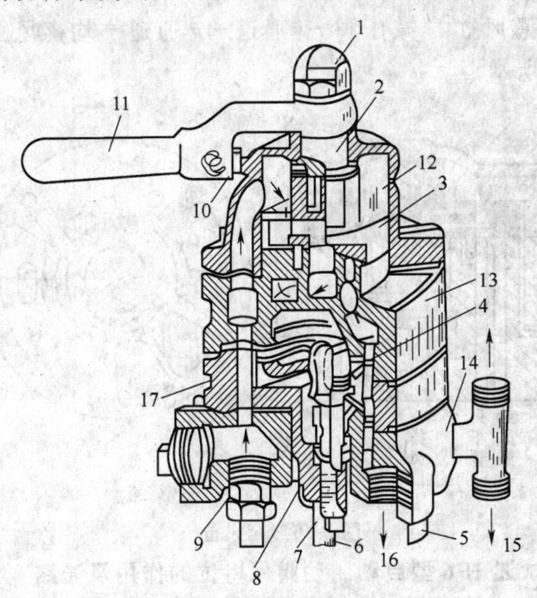

图 5-15　H-6 型自动制动阀

1—手把螺帽;2—回转阀键;3—回转阀;4—均衡活塞;5—缓解管;6—作用筒管;7—排风口;8—排风阀;9—总风缸管;10—卡齿;11—手把;12—阀上体;13—阀座;14—管座;15—均衡风缸;16—制动管;17—阀中体

23. 试述 H-6 型自动制动阀的作用

H-6 型自动制动阀直接操纵 103 或 104 阀,以实现轨道车及车辆的缓解、制动和保压。

第二节　通路及作用

1. 试述 H-6 型自动制动阀充风位(缓解)的作用及通路

当 H-6 型自动制动阀手柄移至充风位时,向制动管迅速充风,经过下列两条通路,使轨道车得到缓解:

(1)总风缸一减压阀一a 通道一b 通道一制动管;

(2)总风缸 一减压阀一j 通道一g 通道一均衡风缸。如图 5-16 所示。

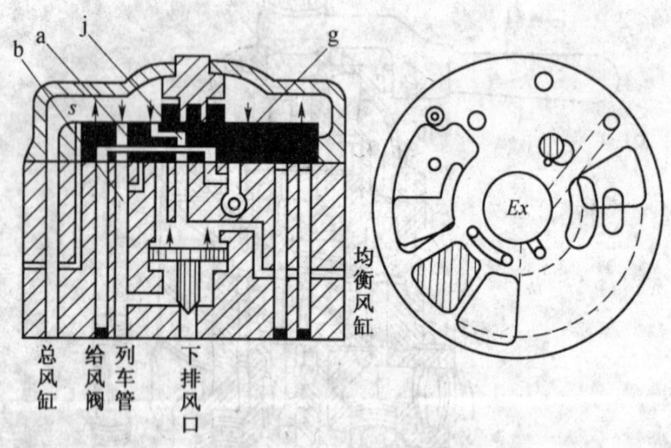

图 5-16　充风位

2. 试述 H-6 型自动制动阀保持位的作用及通路

在此位置,既能使轨道车全部缓解,又能使制动管压力保持定位,由于三条通道全部堵死,形成一个封闭闸锁。如图 5-17 所示。

(1)给风阀—d 通道—f 通道—b 通道—制动管(减压管已堵死);

(2)给风阀—f 通道—b 通道—c 通道—k 通道—g 通道—均衡风缸(减压管已堵死);

(3)总风缸—减压阀—s 通道→p 通道—低压头(低压头

管路已堵死)。如图 5-17 所示。

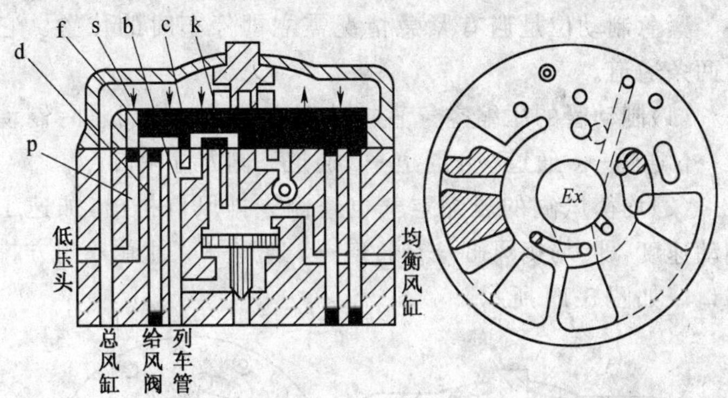

图 5-17　保持位

3. 试述 H-6 型自动制动阀常用制动位的作用及通路

常用制动位作用是使制动管按规定减压,它仅经过均衡风缸至 e 通道、h 通道、o 通道,由侧方排风口排出压缩空气。这样均衡活塞上方的压强降低,活塞受制动管来的空气压力而上升,从排风口排出,使列车产生制动。如图 5-18 所示。

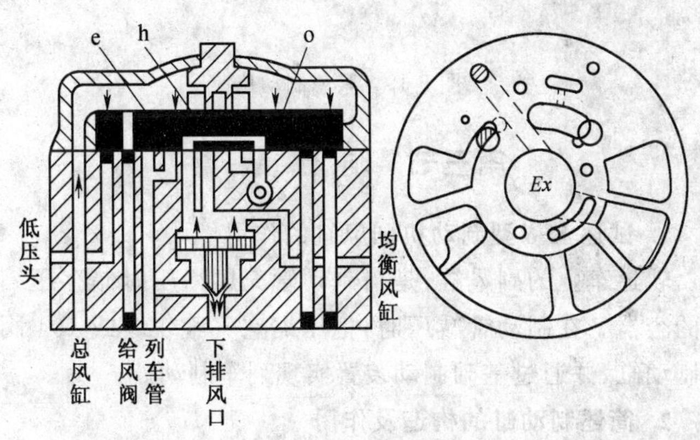

图 5-18　常用制动位

4. 试述H-6型自动制动阀紧急制动位的作用及通路

紧急制动位是遇有紧急情况需立即停车时的位置。它有两条通道。

(1)制动管的压缩空气直接从侧方排风口排出,即:制动管→b通道→c通道→h通道→o通道→侧方排风口;

(2)均衡风缸的压缩空气也经侧方排风口排出,加速了制动速度,即:均衡风缸→g通道→t通道→o通道→侧方排风口。如图5-19所示。

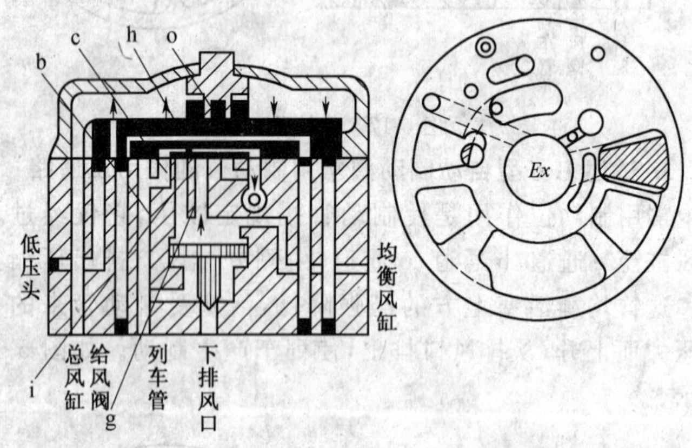

图5-19 紧急制动位

第三节 附属装置

1. 试述H-6型制动机副风缸的作用

轨道车上的副风缸,是当制动管充风增压时储存压缩空气的容器。在制动管减压时,把压缩空气经103或104阀送入制动缸,并通过基础制动装置实现列车制动。

2. 简述制动缸的构造及作用

制动缸是空气制动的主要部件。制动缸由制动缸体、后盖、活塞、活塞杆、缓解弹簧和漏风沟等组成。如图 5-20 所示。

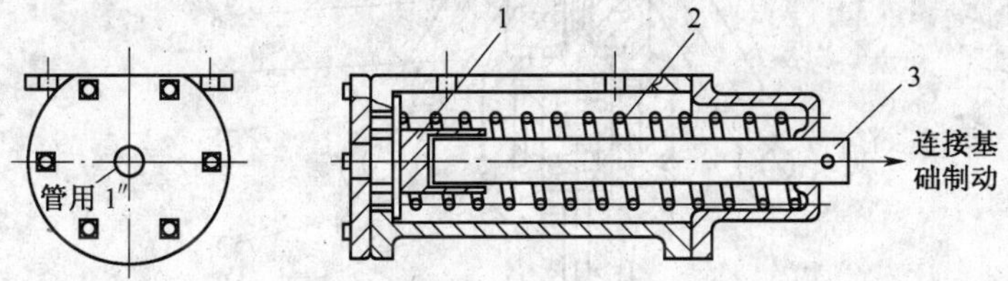

图 5-20　制动缸

1—制动缸活塞；2—缓解弹簧；3—活塞杆

当制动管减压时，副风缸储存的压力空气通过 103 或 104 阀将压力空气送入制动缸内，推动制动缸活塞移动，并带动基础制动装置产生制动。当缓解时，制动缸内的压力空气经 103 或 104 阀排风口排向大气，而缓解弹簧将活塞推回原位。制动缸后盖进风口处设置漏风沟，是防止因制动管轻微漏风或 103、104 阀故障而引起自然制动。

3. 简述缓解阀的构造和作用

缓解阀由阀上体、阀下体、缓解杆和阀组成。它主要用于当解编后或制动中的车辆，因总风缸压力过低不能使轨道车自动制动阀缓解时，使用缓解阀排出副风缸内的压力空气，将制动缸内的压力空气由 103 或 104 阀排出，完成缓解。图 5-21 所示。

4. 简述双针压力表各显示什么压力

制动风压表（双针压力表）在轨道车上布置从左至右：Ⅰ. 红针显示总风缸压力、黑针显示均衡风缸压力；Ⅱ. 红针显示制动缸压力，黑针显示制动管压力。如图5-22所示。

5. 试述双针压力表的构造和作用

风压表的结构如图 5-23 所示。它是由风管、指针、弹簧、

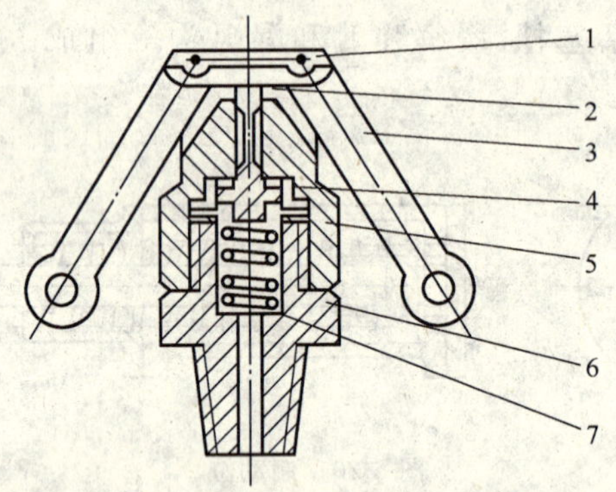

图 5-21　缓解阀

1—销子；2—阀；3—缓解杆；4—阀垫；
5—阀上体；6—阀下体；7—弹簧

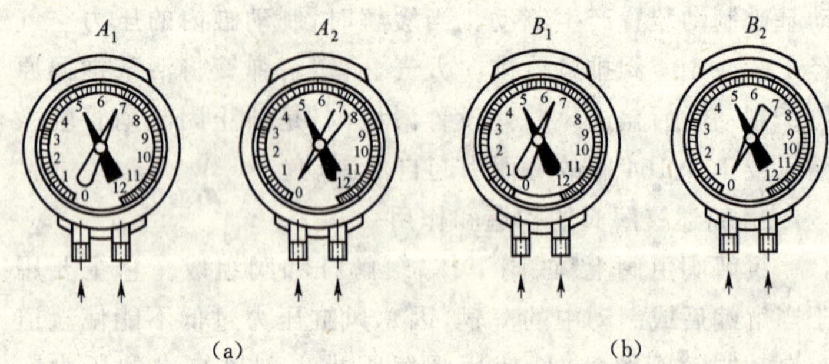

均衡风缸(黑)　总风缸(红)　列车管(黑)　制动缸(红)

均衡风缸(黑)　总风缸(红)　列车管(黑)　制动缸(红)

图 5-22　双针压力表

(a)车后端双针压力表；(b)车前端双针压力表

扇形齿轮、连杆、杠杆、小齿轮和表壳等组成。

由于风管的弯曲，在压力空气进入后便产生变形，从而带动连杆、杠杆、扇形齿轮作逆时针方向转动，而与之相啮合的小齿轮连同指针产生顺时针方向转动。风管变形量取决于空气压力，因此指针在表盘上刻度的指示值，即为空气压力值。

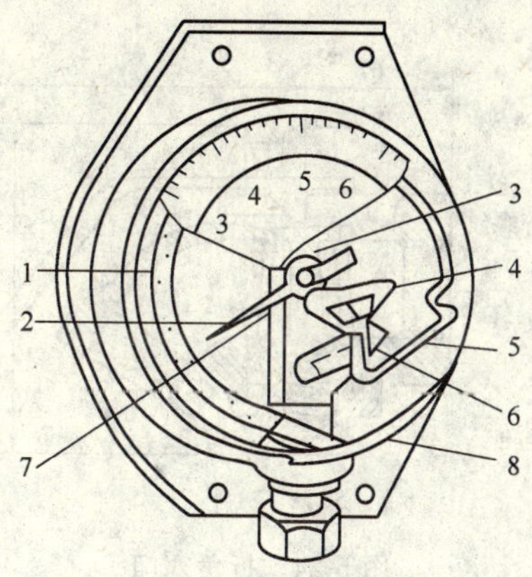

图 5-23　双针压力表构造

1—风管；2—指针；3—弹簧；4—扇形齿轮；
5—连杆；6—杠杆；7—小齿轮；8—风表框

6. 简述折角塞门的构造及作用

折角塞门是用来连接车辆的风路，如图 5-24 所示。它的水平端与车辆制动管相接，弯曲端安装制动软管，中间的塞门心(即开关)用来开启或遮断风路。

开关时，提起手把，旋转 90°，当手把方向与管道平行时为开，与管道垂直时为关。因此在开或关时，必须将手把的突起部位与塞门体凹槽接触准确，并落入槽内定位，避免制动系统失效。

7. 简述制动软管的组成

制动软管是用来连接两车辆的制动主管，由帆布涂注橡胶压制而成，能承受 1 000 kPa 的压力。两端分别压接有螺纹接头和风管连接器。

8. 试述基础制动的组成

基础制动是将制动缸活塞的推力经杠杆系统增大后传

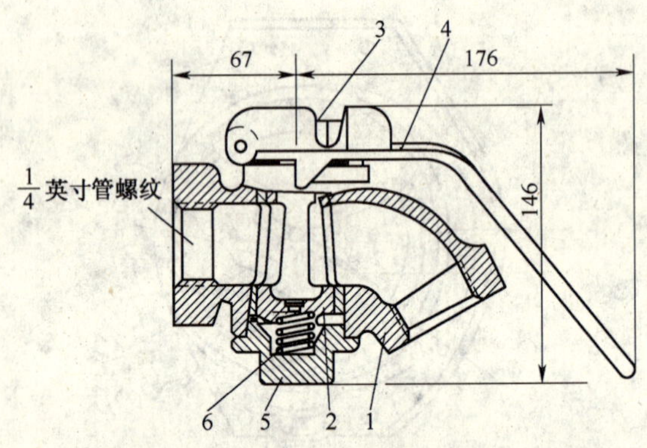

图 5-24 折角塞门

1—塞门体;2—塞门心;3—手把套口;4—手把;5—弹簧托盖;6—弹簧

给闸瓦压紧车轮踏面,通过轮轨黏着产生制动作用。基础制动的结构如图 5-25 所示。

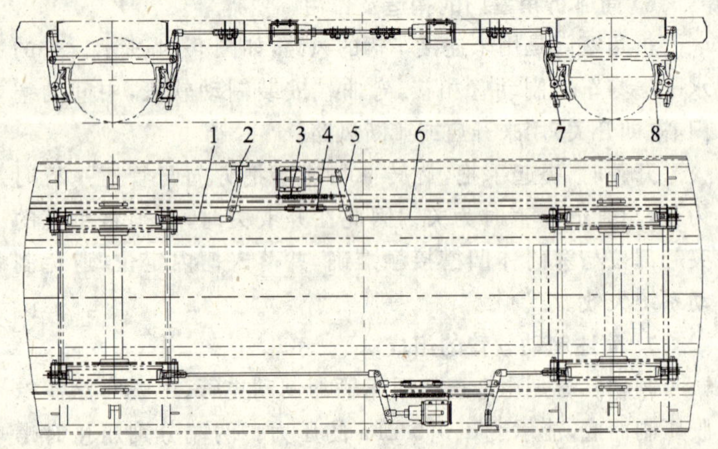

图 5-25 基础制动装置

1—二位拉杆;2—后制动杠杆;3—缓解弹簧;4—闸瓦间隙调整机构;5—前制动杠杆;6—一位拉杆;7—闸瓦吊架;8—闸瓦

9. 试述如何对车辆基础制动进行调整

轨道车基础制动采用双侧闸瓦制动，每一个车轮有两块闸瓦，闸瓦为货车用中磷铸铁闸瓦，制动作用必然产生磨损，致使轮瓦间隙不断增大，这样制动缸活塞行程会增加，因而降低了制动效果。为此，必须调节基础制动拉杆，使闸瓦接近车轮踏面，保持轮瓦间隙为 6～8 mm。沿逆时针方向拧动调整螺母压缩闸瓦平衡弹簧，可调整闸瓦上下间隙，使轮瓦接触均匀。调整闸瓦间隙时，制动缸活塞行程运用范围为 80～130 mm。

同一轮对左右两侧的制动杠杆托架上安装有横向连接拉杆以限制闸瓦制动时横向窜动，防止闸瓦偏磨。闸瓦磨耗到厚度小于 20 mm 时必须更换，同一轮对上的闸瓦应同时更换。

10. 简述撒砂装置的构造及作用

撒砂装置的组成如图 5-26 所示。

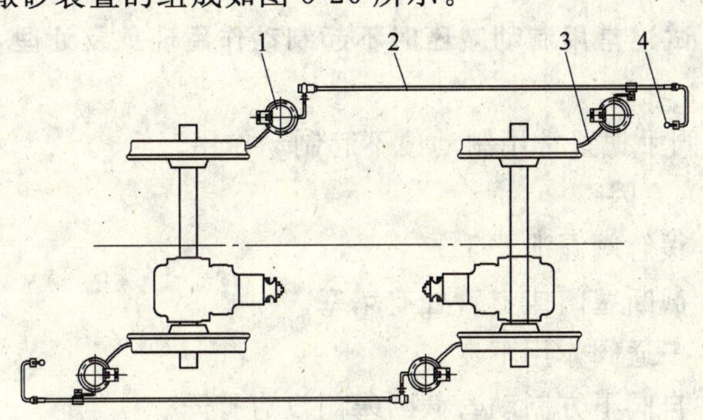

图 5-26　撒砂装置

1—砂箱；2—控制管路；3—撒砂管；4—撒砂开关

撒砂的目的是提高轨道车的黏着力，防止轨道车轮对空转和在紧急制动时车轮滑行。

撒砂装置由撒砂开关、控制管路、砂箱、撒砂管等组成。撒砂开关装在操纵台主司机位左侧，操作方式为脚踏式。砂箱共4个，2个安装在1轴、2轴左侧轮的前面，另2个安装在1轴、2轴右侧轮的后面，在Ⅰ端操纵时左侧撒砂；在Ⅱ端操纵时右侧撒砂。撒砂管安装在轨面中部，距轨面高50 mm。

使用过程中，应保证砂子必须干燥，石英含量不少于75%，粒度不大于2.5 mm。另外，必须关闭加砂口，防止雨水进入砂箱。

11. 简述手制动装置的构造及作用

手制动装置设在后驾驶室，如图5-27所示。由伞齿轮、滑杆、螺杆座、连杆、滑轮等组成。

使用将摇把向外抽出，顺时针旋转，拉动杠杆产生制动作用，使用完毕后，将摇把向内推，并用弹簧卡锁定。一般在停车时使用手制动，以防溜逸。

第四节　常见故障处理

1. 试述常用制动减压时不起制动作用现象及处理

(1) 现象

自阀手把置常用制动位不起制动作用。

(2) 原因

① 缓解阀漏泄严重。

② 截断塞门或支管处有堵塞。

③ 三通阀作用不良。

④ 自阀下方制动管截断塞门没有打开。

(3)判断与排除方法

先拉缓解阀，看副风缸有无风压，若无风说明副风缸无风压，应充风，若有风再卸下三通阀活接头检查后接好，开通截断塞门进行试验。如有堵塞时，可针对具体情况进行处理。

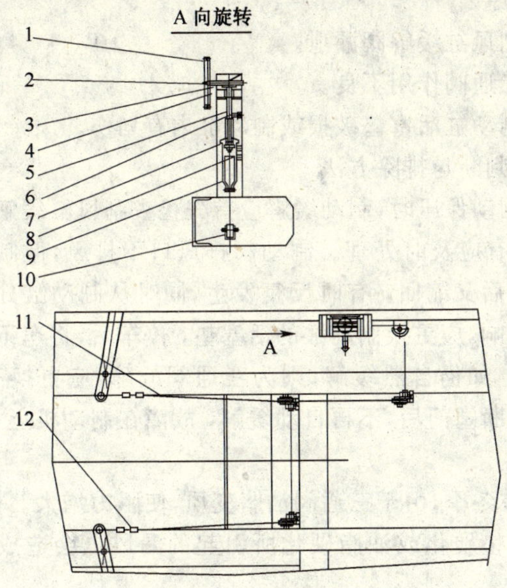

图 5-27　手制动装置

1—摇把；2—主动齿轮；3—从动齿轮；4—齿轮箱体；5—螺杆；6—滑杆；7—制动螺母；8—螺杆座；9—连杆；10—钢丝绳；11—滑轮组件；12—绳夹

常用制动减压不起作用时，可将制动手把迅速推到非常制动位置，如起制动作用，但又迅速缓解，则是非操纵端制动机下面的制动管截断塞门没有关闭或关闭不严，应关闭。无以上情况时则为三通阀故障，须修理或更换三通阀。三通阀分解检修后，须经试验台试验，合格后方可使用。

2. 试述制动后将手把放在中立位置时，发生缓解或不保压的现象及处理

(1) 现象

常用制动后，手把置中立位时，发生自然缓解及制动缸不保压。

（2）原因

① 副风缸缓解阀漏泄。

② 三通阀作用不良。

③ 制动缸活塞垫破损或制动缸内有划伤。

（3）判断与排除方法

① 制动保压时，制动缓解应首先检查副风缸缓解阀有无漏泄，若有应及时处理。制动阀排风口不排风，但制动活塞伸出少许后又缩回，有时反复发生，同时从制动缸处可听到漏风的音响，应更换制动缸的活塞垫，停车后，将车下的截断塞门关闭，如仍自然缓解，则为三通阀故障，应更换三通阀。如关闭截断塞门后，不再自动缓解，故障在制动机上，应予检查修理。

② 在冬季，由于三通阀油脂变质，使阻力增大。同时，制动活塞胶垫硬化或油脂硬化所引起的漏风也会造成自然缓解故障。

3. 试述制动后不缓解的现象及处理

（1）现象

常用制动后不缓解，或制动缸活塞不回原位。

（2）原因

① 三通阀作用不良。

② 制动缸缓解弹簧折断。

③ 制动缸活塞杆弯曲或基础制动有故障。

（3）判断及排除方法

① 如三通阀排风口不排风，卸下排风管，疏通排风管，如三通阀排风口仍不排风，而制动缸支管处又无漏泄时，属三通阀故障，须更换三通阀。

② 制动缸压力表上缓解，但制动缸活塞杆没有完全缓解，用手推能缩回时，说明制动缸活塞弹簧折断，应更换

弹簧。

③ 制动缸活塞杆弯曲或基础制动有故障，可直接从外观看出。

4. 试述自然制动现象及处理

（1）现象

没有操纵制动手把，闸瓦自动抱紧车轮。

（2）原因

三通阀管路及阀门有较严重的漏泄。

（3）判断与排除方法

检查各连接部位，通过看、听、摸等方法查出漏泄处所并处理。

5. 试述缓解时间过长的现象及处理

（1）现象

制动后，缓解时间超过 35 s。

（2）原因

① 制动缸内弹簧过软或折断。

② 三通阀排风口有异物。

③ 充风管路充风不畅或风压偏低。

④ 自动制动阀有局部堵塞。

（3）判断与排除方法

①查看风压表观察充风是否时间过长，若过长，说明充风管路不畅或自动制动阀有异物堵塞

②检查制动缸弹簧过软或折断；

③检查三通阀排风口有无异物堵塞。

6. 试述常用制动位，下方排风口不排风的现象及处理

（1）现象

常用制动均衡风缸减压后，下方排风口不排风，机车不制动。

(2) 原因

① 自动制动阀均衡活塞筒内油垢太多,活塞固着于上方。

② 自动制动阀均衡活塞销子窜出,排风阀座拉伤或排风阀脱落,或均衡风缸排水塞门开放或管路漏泄。

③ 自动制动阀下方排风口堵塞。

④ 自动制动阀的制动管通路堵塞。

⑤ 重联塞门套转动。

(3) 判断与排除方法

用自阀施行紧急制动,如制动管排风正常,说明是故障①、③。可用 6～8 mm 粗铁丝插入下方排风口向上顶排风阀,如能顶动,证明是排风阀脱落,应分解装好;若顶不动,关闭重联塞门,将自动制动阀手把由紧急制动位移至缓解位;下方排风口不排风,证明是均衡活塞固着于下方,应推动自动制动阀手把向紧急制动位与缓解之间若干次,冲动自动制动阀的均衡活塞或吹下方排风口。

用自动制动阀紧急制动位排除制动管的压力空气,若排不出去,说明是故障④、⑤。如重联塞门是开放位,则将它关闭。此时由自动制动阀侧排风口排风,说明是重联塞门套转动或塞门手把装反;如仍不排风,为制动管路堵塞。卸下检修或清扫制动管路。

7. 试述自动制动阀下方排风口排风不止的现象及处理

(1) 现象

自动制动阀在缓解位、中立位时,下方排风口排风不止。

(2) 原因

① 均衡活塞的针阀内有异物。

② 针阀和座有线疵。

③ 回转阀座通路堵塞。

(3) 排除方法

① 用风吹出异物。

② 检修针阀座。

8. 试述常用制动位时起紧急制动的现象及处理

(1) 现象

自动制动阀置常用制动位时,机车起紧急制动的作用。

(2) 原因

这种故障的原因很多,但多数为均衡活塞节制杆弹簧折损或张力过弱。

(3) 排除方法

更换弹簧。

第六章　JZ-7 型制动机

第一节　结构与原理

1. 试述 JZ-7 型制动机的特点

(1)能客、货两用。

(2)能准确掌握减压量,并能自动保压。

(3)设有过充位,不会发生过量供给的弊病。

(4)取消了研磨件,方便了运用、维修和制造。

(5)采用了二压力与三压力混合型式的分配阀,机车即具有阶段缓解作用,又具有一次缓解作用。

(6)制动阀手把操纵轻快、方便、不受温度影响。

2. JZ-7 型制动机由哪些部件组成?

由风源部分、制动机及其辅助装置组成。

(1)风源部分　主要由空气压缩机、止回阀、安全阀、油水分离器、调压器、总风缸等组成。

(2)制动机及其辅助装置　主要由自阀、单阀、中继阀、分配阀、作用阀、无动力回送装置、变向阀、均衡风缸、过充风缸。工作风缸、降压风缸、紧急风缸、作用风缸、制动缸等组成。

3. 试绘 JZ-7 型空气制动机配管略图

如图 6-1 所示。

4. 试述 JZ-7 型制动机中各阀的控制关系

(1)自阀→均衡风缸→中继阀→制动管压力变化

→┬→车辆制动机
　└→机车分配阀→作用阀→机车制动缸。

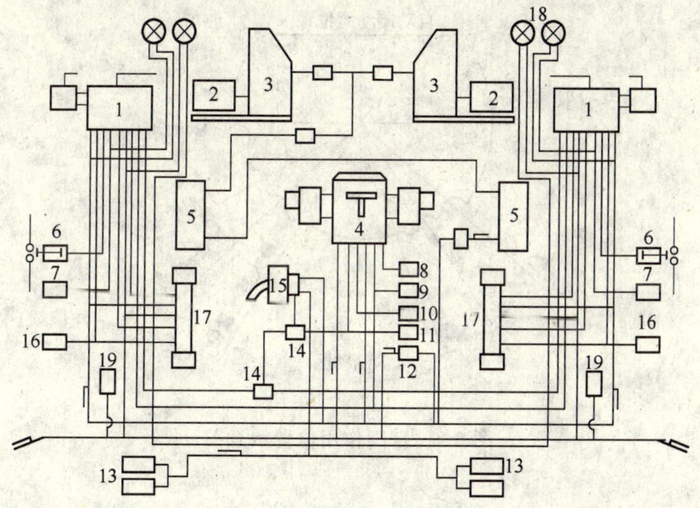

图 6-1　JZ-7 型制动机配管略图

1—制动阀；2—发动机；3—空气压缩机；4—分配阀；5—总风缸；6—撒砂、压力开关；7—均衡风缸；8—降压风缸；9—工作风缸；10—紧急风缸；11—作用风缸；12—无动力回送装置；13—制动缸；14—变向阀；15—作用阀；16—过充风缸；17—中继阀；18—风表；19—紧急制动阀

(2)单独缓解时：单阀→分配阀→作用阀→机车制动缸。

(3)单独制动时：单阀→作用阀→机车制动缸。

5. 自阀有何用途？有哪几个作用位置？

自阀是用来操纵全列车的制动和缓解。

有过充位、运转位、最小减压位、最大减压位、过量减压位、手柄取出位、紧急制动位等 7 个作用位置，如图 6-2 所示。

最小、最大减压间为制动区。

6. 单阀有何用途？有哪几个作用位置？

单阀用来单独操纵机车的制动、保压或缓解。

有单独缓解位、运转位、制动区三个作用位置，如图 6-3 所示。

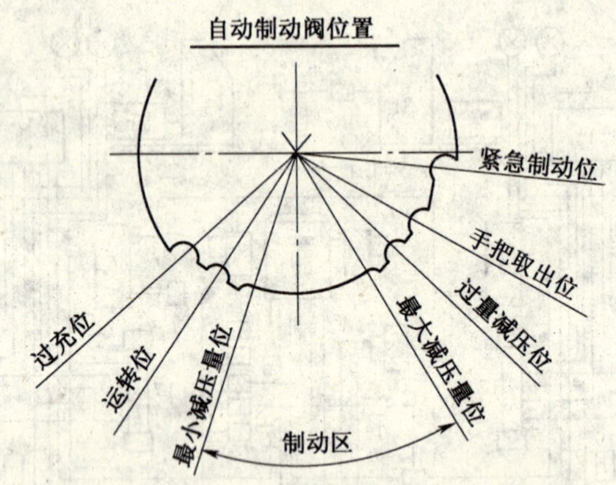

图 6-2　自阀作用位置示意图

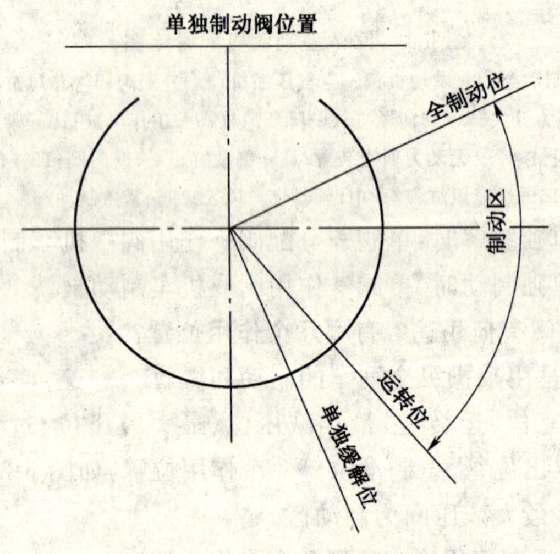

图 6-3　单阀作用位置示意图

7. 自阀由哪些部件组成？管座上有哪几根管？

由阀体与管座、手把与凸轮、调整阀、放风阀、重联柱塞阀、缓解柱塞阀及客货车转换阀等部件组成，如图 6-4 所示。

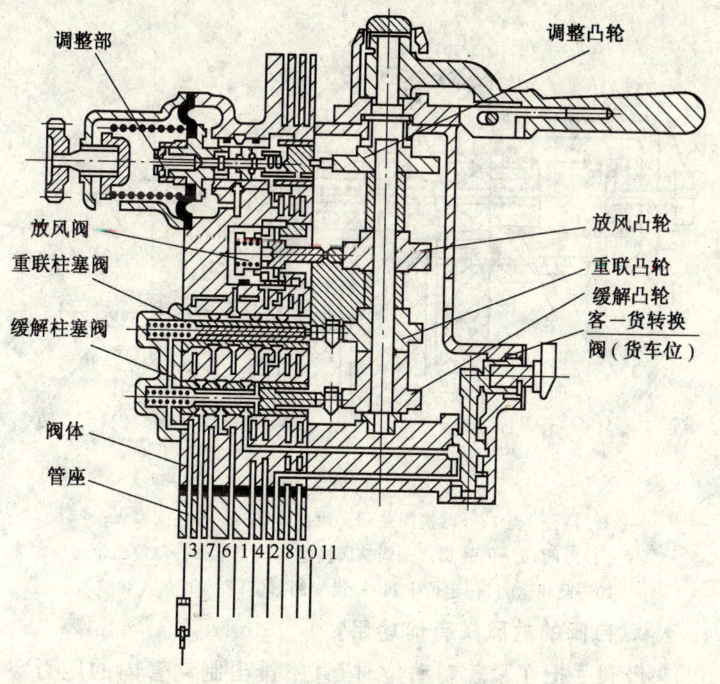

图 6-4　自阀结构示意图

管座上有均衡风缸管 1，制动管 2，总风缸管 3，中均管 4，撒砂管 6，过充管 7，遮断阀管 8，单独作用管 10，单独缓解管 11 共九根。

8. 自阀的调整阀有何功用？由哪些部件组成？

调整均衡风缸的最高充气压力，并控制其压力变化，从而达到不论牵引列车的长度如何，都能得到正确减压量的目的。

主要由调整手轮、调整弹簧、调整阀膜板、排气阀、供气阀、调整柱塞、调整凸轮等组成，如图 6-5 所示。

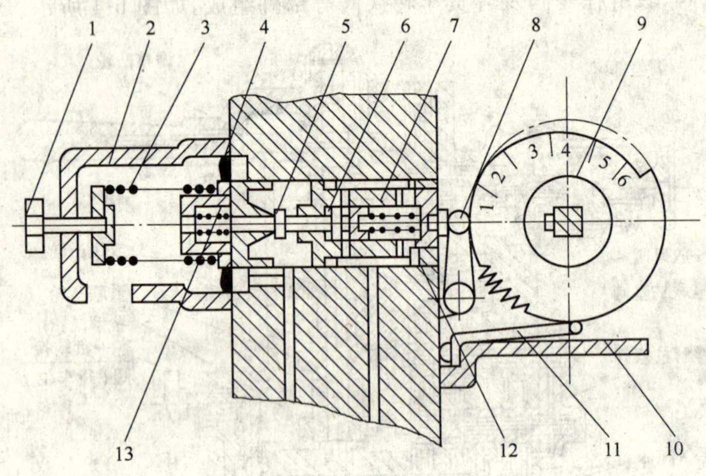

图 6-5　调整阀

1—调整手轮；2—调整阀盖；3—调整弹簧；4—调整阀膜板；5—排气阀；6—供气阀；7—调整阀柱塞；8—支承；9—调整凸轮；10—凸轮盒；11—定位卡；12—供气阀弹簧；13—排气阀弹簧

9. 自阀的放风阀有何功用？

自阀手把在紧急制动位时，直接排出制动管内的压力空气，以达到紧急制动的目的。

10. 自阀的重联柱塞阀有何功用？

(1)连通或切断均衡风缸管与中继阀的联系。

(2)自阀手放在紧急制动位时，使总风缸管与撒砂管连通。

11. 自阀的重联柱塞阀由哪些部件组成？

主要有重联柱塞、阀套、柱塞弹簧、重联阀凸轮等组成，如图 6-6 所示。

12. 简述自阀的缓解柱塞的构造和功用

主要由缓解柱塞阀柱塞、阀套、柱塞弹簧、缓解柱塞阀凸

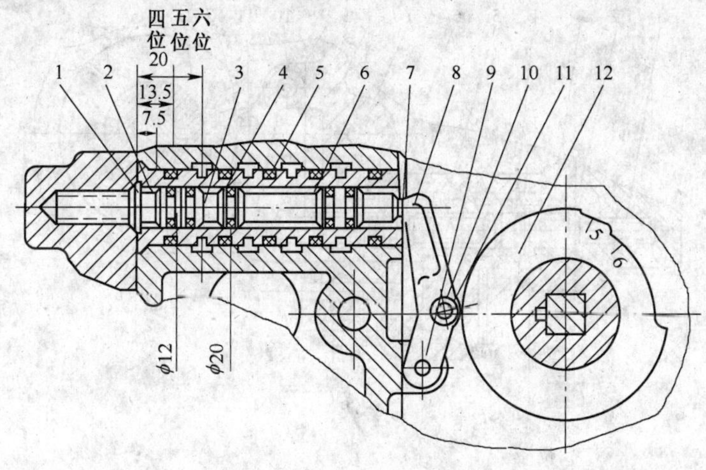

图 6-6 重联柱塞阀

1—前盖 O 形密封圈；2—柱塞弹簧；3—重联阀柱塞；
4—重联阀套；5、6—O 形密封圈；7—柱塞头；8—放大杠杆；
9—转销；10—滚轮销；11—滚轮；12—重联阀凸轮

轮等组成。

缓解柱塞阀控制遮断阀管通路 8a 和过充风缸的充风或排风，如图 6-7 所示。

13. 自阀的客货车转换阀有何功用？

将遮断阀管 8 与通路 8a 连通时，使遮断阀管 8 的充、排气由缓解柱塞阀来控制，使中继阀无阶段缓解作用；遮断阀管 8 直接与大气连通时，使中继阀有阶段缓解作用。

14. 中继阀有何功用？由哪几部分组成？有哪几根管？

接受自阀的控制而直接操纵制动管的压力变化，从而使列车制动、保压或缓解。

由双阀口式中继阀和总风遮断阀、管座三部分组成，如图 6-8 所示。

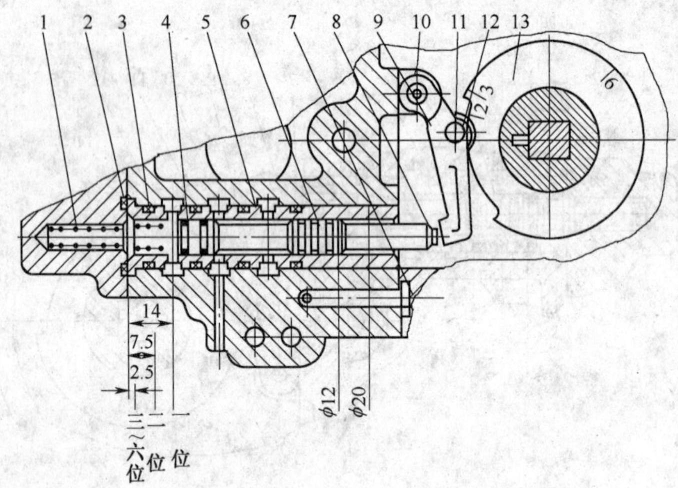

图 6-7 缓解柱塞阀

1—柱塞弹簧；2—前盖 O 形密封圈；3—套 O 形密封圈；4—柱塞 O 形密封圈；5—缓解柱阀套；6—缓解柱塞阀柱塞；7—胶垫；8—柱塞头；9—放大杠杆；10—转销；11—滚轮销；12—滚轮；13—缓解柱塞阀凸轮

管座上有制动管 2，总风缸管 3，中均管 4，过充管 7，遮断阀管 8 共五根管组成。

15. 双阀口式中继阀有哪几个作用位置？

有缓解充气位、缓解后保压位、制动位、制动后保压位、自锁位共五个作用位置。

16. 总风遮断阀的遮断阀口何时开启和关闭？

自阀上的客货车转换阀手柄置于客车位时，遮断阀口始终呈开启状态；置于货车位时，自阀手把在前两位呈开启状态，后五位呈关闭状态。

17. 单阀由哪几部分组成？

由手把与凸轮、调整阀、单缓柱塞阀、定位柱塞组成，如图 6-9 所示。

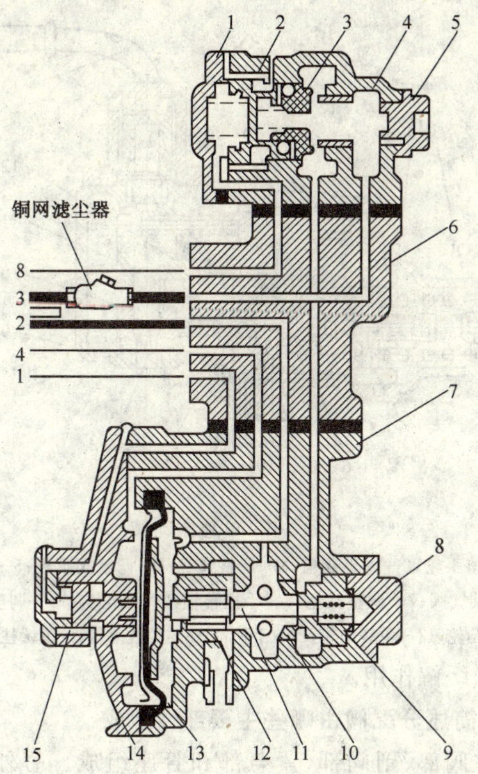

图 6-8　中断阀结构示意图

1—遮断阀盖；2—遮断阀套；3—遮断阀；4—遮断阀体；5—螺盖；6—管座；7—阀体；8—螺盖；9—供气阀；10—供气阀座；11—顶杆；12—排气阀；13—膜板；14—前盖；15—过充柱塞

18. 单阀调整阀有何功用？

调整单独作用管的最高充气压力，并控制其压力变化，使机车产生或消除单独制动作用。

19. 单阀的单缓柱塞阀有何功用？

排除单独缓解管内的压力空气，在列车制动时，使机车

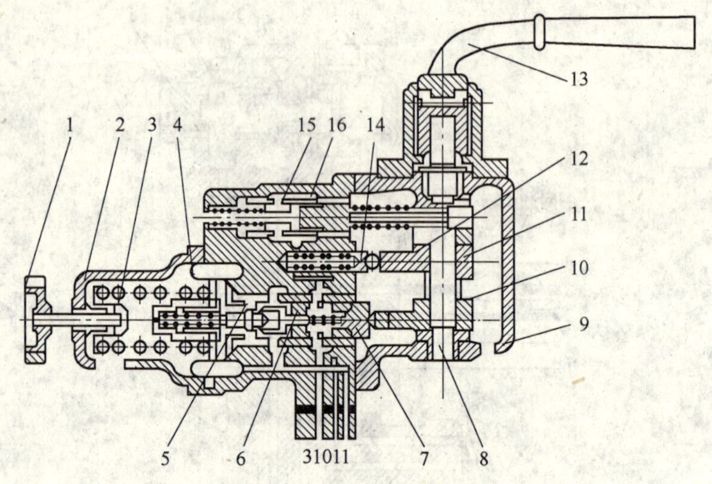

图 6-9　单独制动阀

1—调整手轮；2—调整阀盖；3—调整弹簧；4—调整阀膜板；5—排气阀；6—供气阀；7—调整柱塞；8—手把转轴；9—凸轮盒；10—调整凸轮；11—定位凸轮；12—单缓凸轮；13—手把；14—定位柱塞；15—单缓柱塞；16—阀体

产生单独缓解作用。

20. 简述分配阀由哪些主要部件组成

由主阀部、副阀部、紧急部和管座组成。另外还附有降压风缸、工作风缸、紧急风缸和作用风缸，管座内有列车制动管，滤尘室和局减室。管座上共连接有 7 根管：制动管 2，作用风缸管 14，紧急风缸管 21，总风缸管 22，工作风缸管 23，降压风缸管 26 和通大气的通路 25。

21. 简述分配阀的主阀部各部件有何功用

(1)主阀　根据制动管压力变化，控制作用风缸的压力变化。主阀部结构如图 6-10 所示。

(2)工作风缸充气止回阀 控制制动管向工作风缸单向充气。

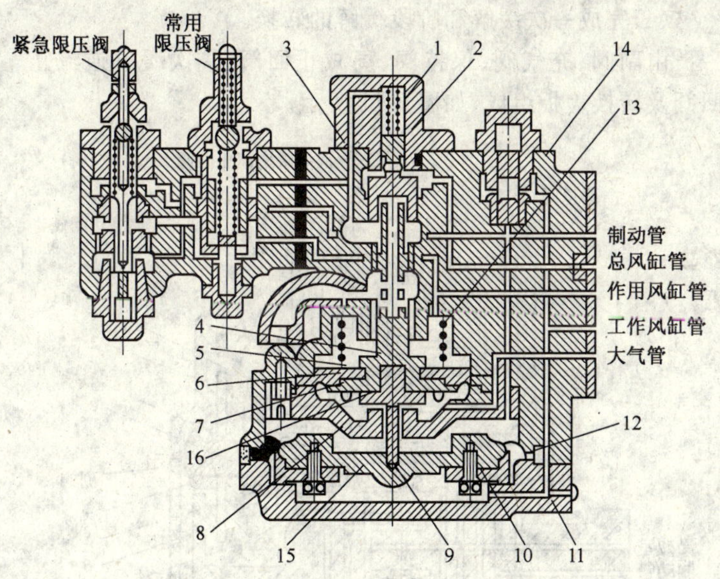

图 6-10　主阀部

1—供给阀弹簧；2—导杆；3—供风阀；4—主阀杆；5—小压板；6—小膜板；7—小活塞；8—中盖；9—顶杆；10—压板；11—下盖；12—大膜板；13—缓解弹簧；14—主阀体；15—大活塞；16—压帽

(3)常用限压阀 常用制动时限制作用风缸的压力不超过 350 kPa。

(4)紧急限压阀 ①紧急制动时限制作用风缸压力不超过 450 kPa；②紧急制动后缓解时，连通作用风缸与主阀排风口，从而使常用限压阀由限压状态自动呈正常状态。

22. 简述分配阀的副阀部有何功用。由哪几部分组成？

主要功用：

(1)消除工作风缸和降压风缸的过充压力。

(2)加快主阀的缓解作用。

(3)初制动时产生局部减压作用。

(4)完成一次缓解和阶段缓解的转换。

由副阀、充气阀、保持阀、局减止回阀、一次缓解逆流止回阀及转换盖板组成，如图 6-11 所示。

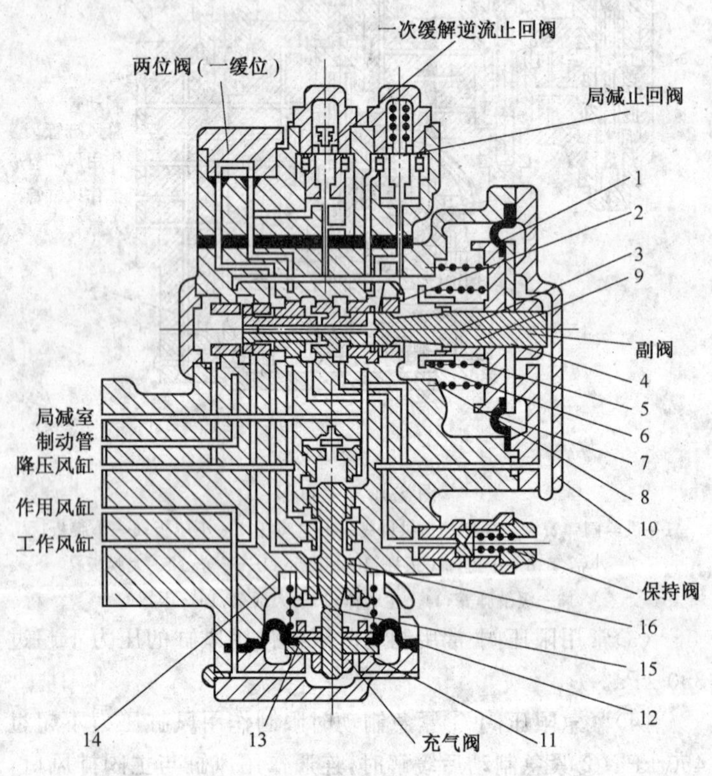

图 6-11 副阀部

1—副阀活塞;2—副阀套;3—副阀柱塞;4—压板;5—保压弹簧;6—弹簧托;7—膜板;8—稳定弹簧;9—套;10—副阀盖;11—充气阀膜板托;12—充气阀膜板;13—压板;14—充气阀弹簧;15—充气阀柱塞;16—充气阀套

23. 简述分配阀紧急部的功用和构造

主要功用:

由制动管向紧急风缸充气，并根据制动管和紧急风缸的压力差控制紧急部放风阀的开启或关闭，主要由膜板活塞、柱塞杆、放风阀、放风弹簧及三个缩口风堵等组成，如图 6-12 所示。

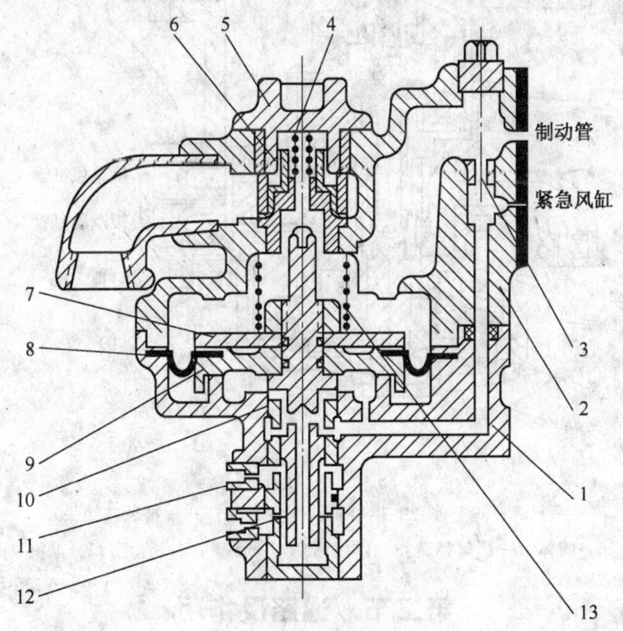

图 6-12　紧急放风阀

1—下体；2—上体；3—充风限制堵；4—放风阀弹簧；5—螺盖；6—放风阀；7—压板；8—膜板；9—活塞；10—放风阀套；11—堵；12—柱塞阀杆；13—复原弹簧

24. 作用阀有何作用？由哪些部件组成？有哪几根管？

根据作用风缸或作用管内空气压力的变化，控制机车制动缸的充气或排气，使机车制动、保压或缓解。

主要由作用活塞、膜板、空心阀杆、供气阀、管座等组成，如图 6-13 所示。

管座上连接三根管；总风缸管、制动缸管和通往变向阀的作用管。

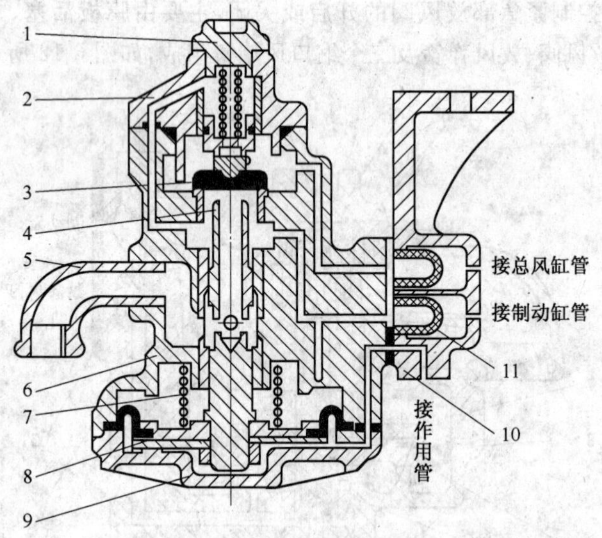

图 6-13　作用阀

1—上堵；2—上盖；3—供给阀；4—空心阀杆；5—排风口接头；6—阀体；7—缓解弹簧；8—作用活塞；9—下盖；10—管座；11—滤网

第二节　通路及作用

1. 简述自阀的客货车转换阀作用位置的通路及作用

客车位：遮断阀管 8→大气，使总风遮断阀始终呈开启状态。

货车位：遮断阀管 8→通路 8a，使总风遮断阀的开启或关闭由自阀的缓解柱塞阀控制。

2. 简述自阀调整阀各作用位置的通路和作用

(1)充气状态 当自阀手把在前两位或在制动区反方向移动时，排气阀关闭，供气阀开启，总风缸向均衡风缸和膜板右侧空气室同时充气，均衡风缸增压。

(2)充气后保压状态 当调整阀膜板两侧压力平衡时，供气阀关闭，无通路，均衡风缸停止增压。

(3)制动状态 当自阀手柄移至制动区或过减位时，供气阀关闭，排气阀开启，均衡风缸和膜板右侧空气室同时排气，均衡风缸降压。

(4)制动后保压状态 当调整阀膜板两侧压力平衡时，排气阀关闭，均衡风缸停止降压。

3. 简述自阀重联柱塞阀各作用位置的通路和作用

(1)自阀手把在过充位、运转位、制动区、过量减压位时，柱塞沟通均衡风缸 1→中均管 4 的通路，使中均管压力追随均衡风缸的压力变化，如图 6-14 所示。

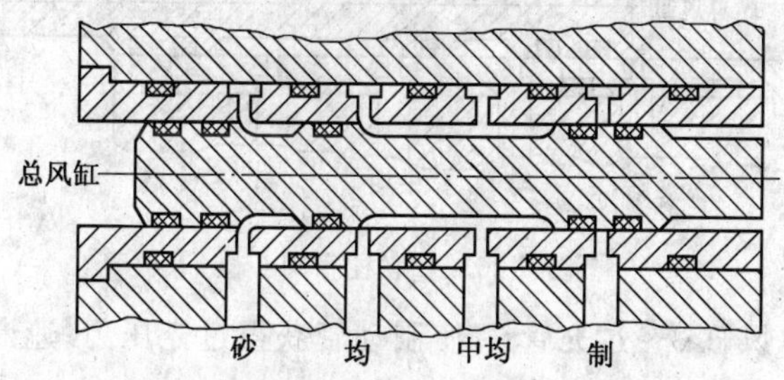

图 6-14 重联柱塞阀 1～4 位

(2)自阀手把在取柄位时，柱塞右移，沟通制动管 2→中均管 4 的通路，使中继阀自锁，如图 6-15 所示。

(3)自阀手把紧急制动位时，柱塞沟通两条通路，如图 6-16所示。

制动管 2→中均管 4，使中继阀自锁；总风缸 3→撒砂管 6，使机车撒砂。

4. 简述自阀缓解柱塞阀各作用位置的通路和作用

(1)自阀手把过充位时柱塞沟通两条通路，如图 6-17 所示。

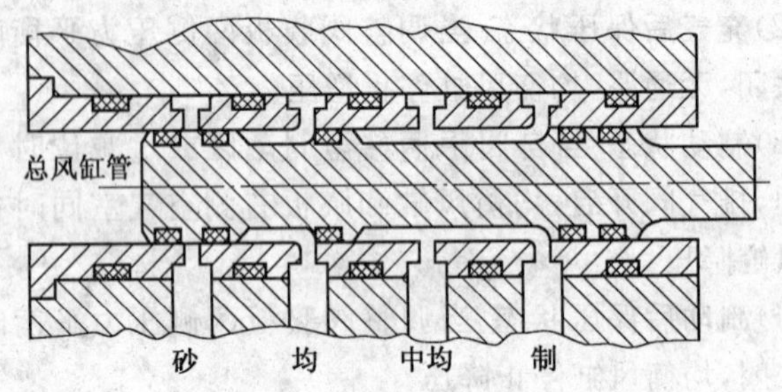

图 6-15 重联柱塞阀 5 位

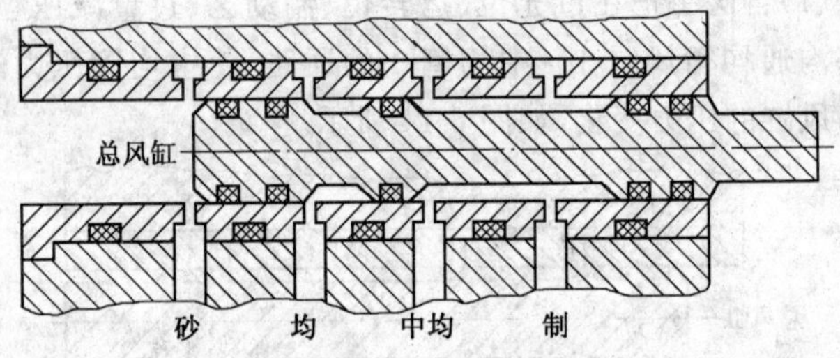

图 6-16 重联柱塞阀 6 位

总风缸 3→过充管 7,使制动管获得过充压力;遮断阀管通路 8a→大气,使通路 8a 排气。

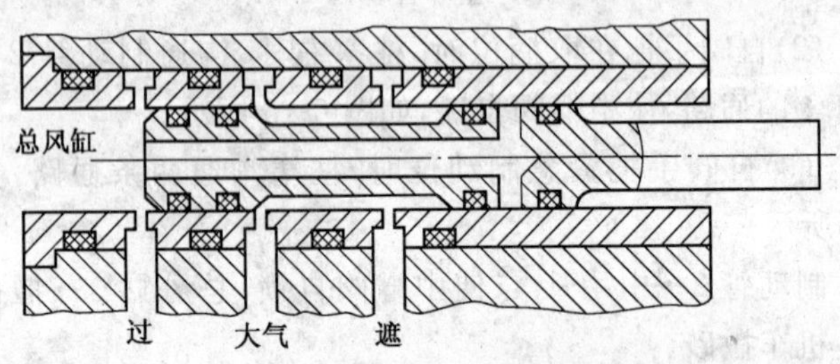

图 6-17 缓解柱塞阀过充位

(2)自阀手把运转位时,切断过充管 7 的充排气通路,使制动管过充压力缓慢由过充风缸体上 φ0.5 mm 小孔缓慢消除，同时通路 8a→大气，如图 6-18 所示。

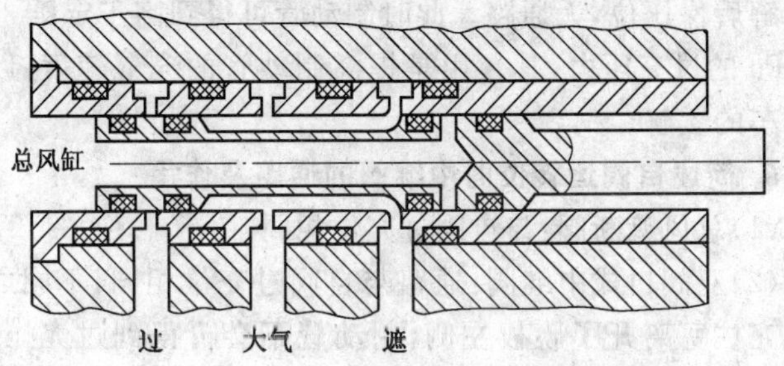

图 6-18　缓解柱塞阀在运转位

（3）自阀手把制动区、过减位、取柄位和紧急制动位时，柱塞开通两条通路，如图 6-19 所示。

总风缸 3→通路 8a，客货车转换手柄在货车位时，使总风遮断阀呈关闭状态，置于客车位时无作用；过充管 7→大气，排出过充风缸内的压力空气。

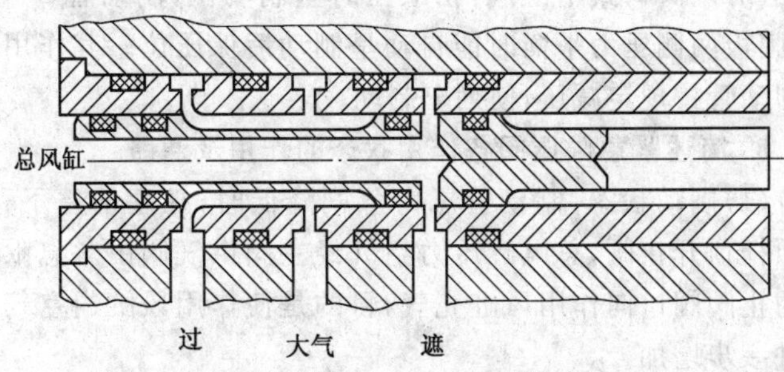

图 6-19　缓解柱塞阀在 3～6 位

5. 简述自阀过充位时中继阀的通路和作用

（1）总风遮断阀：遮断阀口呈开启状态，开启总风源，以便向双阀口式中继阀供气。

（2）双阀口式中继阀：过充柱塞顶在膜板活塞左侧，供气阀开启呈缓解充气位，总风缸压力空气经遮断阀口由供气阀同时向制动管和膜板右侧室充气，膜板两侧压力平衡时自动呈缓解后保压位，无通路。此时制动管可得到高于定压 30～40 kPa 的过充压力，其作用是提高制动管的充气速度，以加快列车的缓解。

6. 简述自阀运转位时中继阀的通路及作用

(1)总风遮断阀：与自阀过充位相同。

(2)双阀口式中继阀：通路与自阀过充位相同，不同之处是过充柱塞离开了膜板左侧，制动管不会再得到过充压力，当制动管内有过充压力时，尚能由排气阀消除。其作用是使制动管保持规定压力。

7. 简述自阀制动区时中继阀的通路及作用

(1)总风遮断阀：客货车转换阀在客车位时，遮断阀呈开启状态，制动管有漏泄时随时得到补充；在货车位时，遮断阀口呈关闭状态，关闭总风源，制动管有漏泄时不能得到补充。

(2)双阀口式中继阀：初减压时呈制动位，制动管 2→大气；膜板两侧压力平衡时能自动呈制动后保压位。其作用是使制动管按规定减压，使列车制动。

8. 简述紧急限压阀各作用状态的作用及通路

(1)制动状态：制动管压力急剧降低时，柱塞活塞下移，使顶杆顶开止阀，总风缸压力空气经主阀供气阀由紧急限压阀的止阀阀口向作用风缸充气，目的是使作用风缸内空气压力进一步增加。

(2)制动后保压状态：当柱塞活塞上方弹簧压力小于活塞下方作用风缸压力时，柱塞活塞上移，并带动顶杆离开止阀，止阀在其下方弹簧作用下关闭阀口，无通路。其作用是紧急制动时，限制作用风缸压力不超过 450 kPa。

(3)正在缓解状态：紧急制动后又缓解使制动管增压时，主阀排气口首先开启，紧急限压阀中的止阀下部压力空气，立即由主阀排气口排出，止阀上部顶杆腔内作用风缸的压力空气压迫止阀向下，止阀口开启，作用风缸压力空气→止阀口→主阀排气口。其作用是当常用限压阀呈限压状态后需要缓解时，首先为作用风缸提供一条排气通路，以保证常用限压阀由限压状态向正常状态自动转换。

(4)缓解状态：当柱塞活塞上方弹簧压力小于活塞下方制动管压力时，柱塞活塞下移，并带动顶杆离开止阀，止阀在其下方弹簧作用下关闭阀口，无通路。其作用是切断紧急限压阀与主阀的作用联系，以保证分配阀正确动作。

9. 紧急限压阀制动状态与正在缓解状态通路相同，作用不同是为什么？

制动状态与正在缓解状态，虽然止阀口均开启，但因开启的力不同，止阀下方空气压力也不一样，所以通路虽然相同，作用决然不同。

呈制动状态时，主阀已呈制动位，止阀下方为总风缸压力空气，此时止阀是依靠柱塞活塞带动顶杆下移顶开止阀开启阀口的，使作用风缸充气；呈正在缓解状态时，主阀已呈缓解位，止阀下方与大气连通，此时止阀是依靠顶杆周围作用风缸压力空气“吹开”止阀开启阀口的，使作用风缸排气。

10. 简述副阀缓解位的通路和作用

制动管增压时，副阀柱塞尾端将工作风缸和降压风缸连通，同时还连通去转换盖板和充气阀的通路，如图6-20所示。

(1)制动管刚开始增压时，转换盖板置阶段缓解位时，使工作风缸向降压风缸降压，以提高主阀动作灵敏度，转换盖板置一次缓解位时，工作风缸除向降压风缸充风降压外，还经转换盖板由一次缓解逆流止回阀向制动管逆流，以加速主阀的一次缓解。

(2)充气阀呈缓解位时，制动管向工作风缸和降压风缸

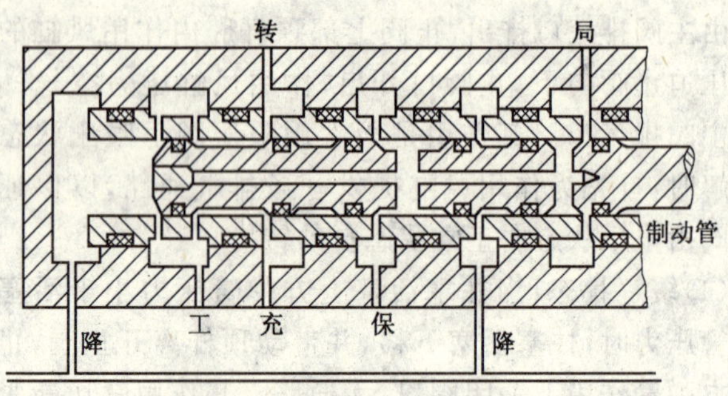

图 6-20　副阀缓解位

充气，当工作风缸和降压风缸内有过充压力需要消除时，还可经充气阀向制动管逆流，并排出局减室内的压力空气。

11. 简述副阀局减位的通路和作用

制动管 2→局减止回阀，如图 6-21 所示。施行轻微减压时，造成制动管局部减压，以保证机车可靠地产生制动作用。

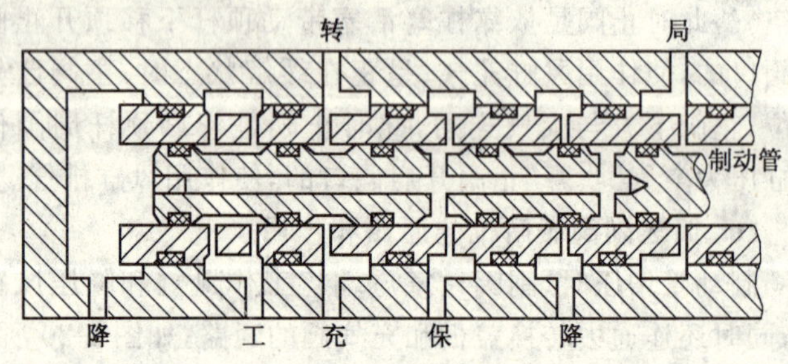

图 6-21　副阀局减位

12. 简述副阀制动位的通路和作用

制动管 2→局减止回阀，无作用。

降压风缸 26→保持阀，使降压风缸排气，为副阀呈保压位准备，如图 6-22 所示。

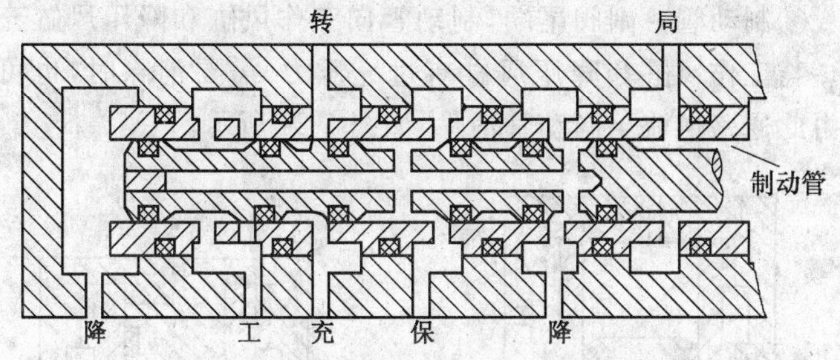

图 6-22　副阀制动位

13. 副阀保压位和局减位通路相同,作用为何不同?

副阀保压位通路如图 6-23 所示。

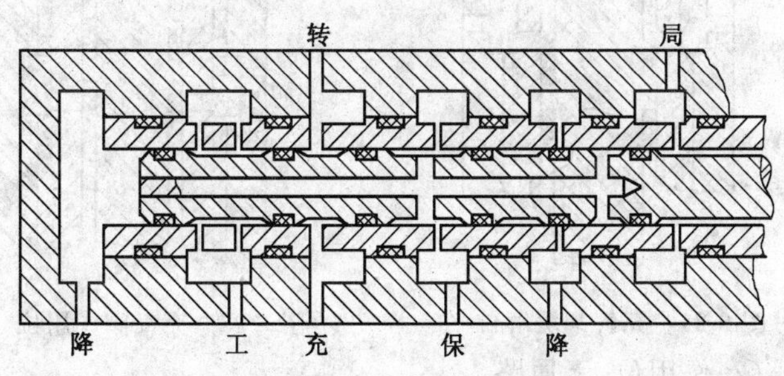

图 6-23　副阀保压位

副阀保压位是保持降压风缸压力而言,此时充气阀因作用风缸增压已呈作用位,关闭了局减室排气通路,副阀虽然保留制动管与局减止回阀的联系通路,但实际上已不再有局减作用,所以保压位和局减位通路虽然相同,但它们的作用并不相同。

14. 简述充气阀各作用位置的通路及作用

(1)缓解位:

① 局减室→大气,排出局减室内的压力空气,为下一次制动时产生局部减压作用准备;

②制动管→副阀尾端，制动管向工作风缸和降压风缸充气。当工作风缸和降压风缸有过充压力，需要消除时，也可以由此通路逆流至制动管消除，如图 6-24 所示。

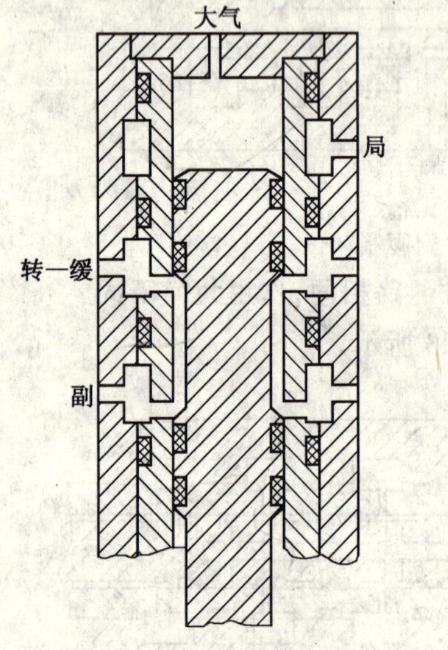

图 6-24　充气阀缓解位

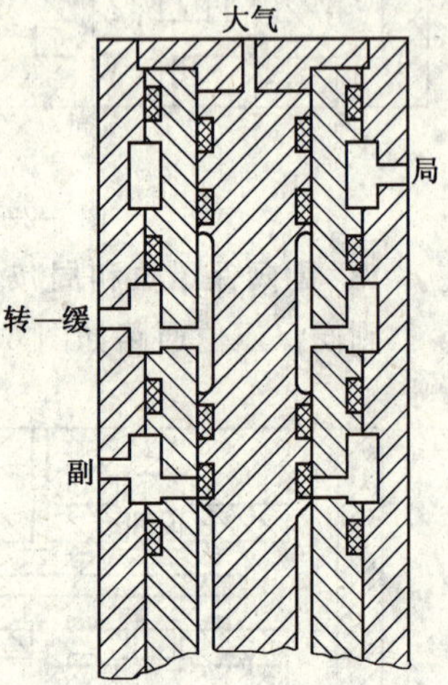

图 6-25　充气阀作用位

(2)作用位：无通路。

①使局减室停止排气；

②切断制动管与工作风缸、降压风缸的连通，以保证分配阀可靠地动作，如图 6-25 所示。

15. 简述保持阀的作用

(1)副阀呈制动位时，排出降压风缸的压力空气。

(2)施行过量减压和紧急制动时，使降压风缸压力保持在 280～340 kPa，以提高机车与车辆缓解时的一致性，保持阀结构如图 6-26 所示。

16. 简述局减止回阀的作用

再制动时，防止局减室内压力空气向制动管逆流而引起

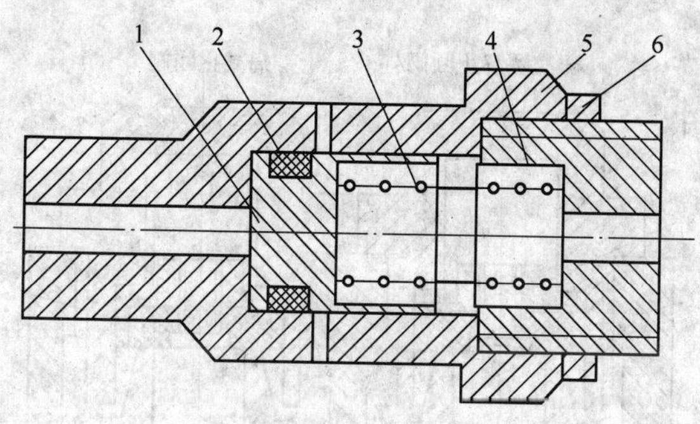

图 6-26　保持阀

1—保持阀柱塞；2—O 形密封圈；3—保持阀弹簧；
4—保持阀盖；5—阀体；6—防缓螺母

自然缓解。

17. 简述一次缓解逆流止回阀的作用

转换盖板置于一次缓解位，制动后进行缓解，制动管刚开始增压时，工作风缸内压力空气经此阀较大通路向制动管逆流，从而加速主阀的一次缓解。局减止回阀和一次缓解逆流止回阀结构如图 6-27。

18. 简述转换盖板各位置的作用及通路

(1)置阶段缓解位时：无通路，使分配阀具备阶段缓解性能。

(2)置于一次缓解位时：将一次缓解逆流止回阀与副阀柱塞尾部连通，使分配阀具有一次缓解性能。

19. 简述紧急部各作用位置的通路及作用

(1)充气缓解位

制动管内压力空气通过充气限制堵向紧急风缸和膜板下侧充气，放风阀关闭；为施行紧急制动作准备，此时紧急部不参与制动机的动作。

(2)常用制动位

紧急风缸 21→第一排风缩孔，排出紧急风缸压力空气，

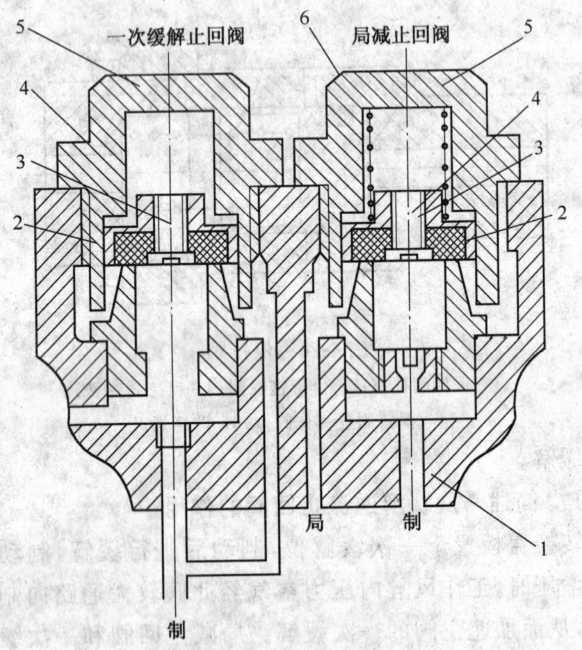

图 6-27　止回阀

1—阀座；2—止回阀橡胶垫；3—螺钉；4—止回阀；5—螺盖；6—弹簧

放风阀仍然关闭。

(3)紧急制动位

① 放风阀开启，制动管 2→大气，提高制动管的排风速度，重联时，本务机车施行紧急制动，保证后部车辆产生紧急制动作用。

② 紧急风缸 21→两个排风缩孔，排出紧急风缸的压力空气，为放风阀自动关闭作准备。

20. 紧急部的放风阀是怎样启闭的？运用中应注意什么？

膜板活塞下方紧急风缸的降压速度远小于活塞上方制动管的降压速度时，膜板活塞在其上下压力差的作用下向上移动至极端位，使触头顶开放风阀而开启放风阀口；紧急风缸压力空气由两个排风缩口风堵排至小于放风阀弹簧压力时，膜板活塞在放风阀弹簧压力压迫下才能向下移动，使触头离开放风阀口，这段时间大约需要 10 s。运行中应注意：放风阀开启时向制动管充气是没有作用的。

21. 简述分配阀一次缓解位时各部的作用

转换盖板置于一次缓解位，制动管一次升至定压：

(1)副阀部 副阀呈缓解位。当充气阀尚呈作用位时，工作风缸内压力空气除向降压风缸充风降压外，还经转换盖板至一次缓解逆流止回阀，并顶开其上部的止回阀由较大的通路向制动管逆流，使主阀迅速呈缓解位；当充气阀呈缓解位时，排出局减室内压力空气，为下一次制动管轻微减压时产生局部减压作用作准备。

(2)主阀部 由于制动管增压，且工作风缸经副阀部降压，因此主阀迅速呈缓解位。当常用限压阀呈限压状态时，作用风缸内压力空气经紧急限压阀由主阀排气口排出；常用限压阀呈正常状态后，作用风缸内压力空气侧经常用限压阀由主阀排气口排出。

(3)制动管向有关风缸和气室充气。

(4)紧急部放风阀关闭。

22. 简述分配阀局部减压时各部的作用

制动管施行减压时，分配阀由缓解到制动的最初阶段。

(1)副阀部 副阀呈局部减位，制动管产生局减作用，使主阀呈制动位，充气阀由缓解位自动呈作用位时，局减作用终止。

(2)主阀部 主阀呈制动位，总风缸的压力空气由主阀供气阀口经常用限压阀向作用风缸充气；作用风缸压力增至与制动管减压量相适应时，主阀自动呈保压位，作用风缸停止增压，工作风缸充气止回阀防止工作风缸内压力空气向制动管逆流。

23. 简述分配阀常用制动位时各部的作用

(1)副阀部 副阀呈制动位，降压风缸压力空气经保持阀排至制动管压力平衡时，副阀自动呈保压位，作用风缸压力增至 240 kPa 时，充气阀由缓解位自动呈作用位；局减止回阀防止局减室内压力空气向制动管逆流。

(2)主阀部 主阀呈制动位，作用风缸压力增至与制动管减压量相适应时，主阀自动呈保压位；作用风缸压力增至 350 kPa时，常用限压阀由正常状态自动呈限压状态，作用风缸压力停止增加。

(3)紧急部 由常用制动位自动呈充气缓解位，从而使放风阀始终可靠的关闭。

24. 简述分配阀阶段缓解位时各部的作用

转换盖板置于阶段缓解位，制动管阶段增压，各部作用不同于一次缓解位之处如下：

(1)副阀部 工作风缸压力空气只能向降压风缸降压，降压风缸空气压力增至稍高于制动管压力时，副阀由缓解位自动呈保压位；作用风缸空气压力未降至 240 kPa 以下时，充气阀始终呈作用位，局减室压力空气不能排出；局减止回阀，防止局减室压力空气向制动管逆流。

(2)主阀部 作用风缸空气压力降至与制动管增加的空气压力相适应时，主阀由缓解位自动呈保压位；工作风缸充气止回阀防止工作风缸压力空气向制动管逆流。

25. 简述分配阀紧急制动位时各部的作用

制动管压力急剧降低

(1)紧急部 放风阀开启呈紧急制动位；当紧急风缸压力降至小于放风阀弹簧压力时自动呈充气缓解位，以备缓解时不影响向制动管充气。

(2)副阀部 副阀呈制动位，保持阀使降压风缸压力保持为 280～340 kPa 以提高机车与车辆缓解时的一致性。其他各阀与常用制动位相同。

(3)主阀部 主阀呈制动位，紧急限压阀呈制动状态；作用风缸压力空气增至 420～450 kPa 时，紧急限压阀自动呈限压状态，使作用风缸压力停止增加。其他各阀与常用制动位相同。

26. 简述变向阀的作用

制动系统总共有两个变向阀。一个装在两个单阀的单独作用管间，称单独作用管变向阀，用于转换两端单阀对作用阀的控制；另一个装在单阀作用管变向阀与分配阀间，称分配阀变向阀，用于转换自阀和单阀对作用阀的控制。变向阀结构如图 6-28 所示。

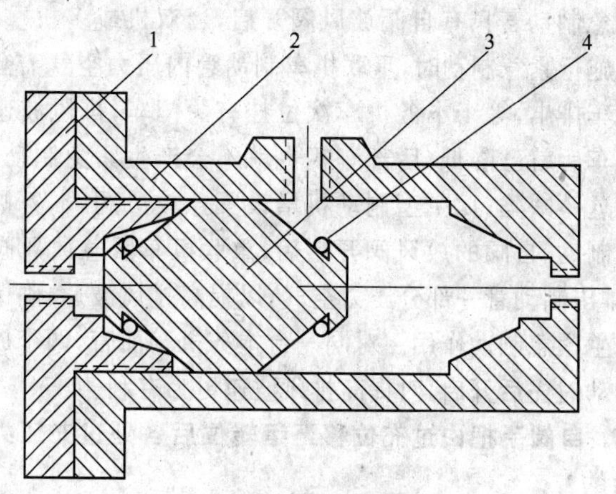

图 6-28　变向阀

1—阀盖；2—阀体；3—阀；4—O 形密封圈

27. 试绘变向阀作用示意图

变向阀作用示意图如图 6-29 所示。

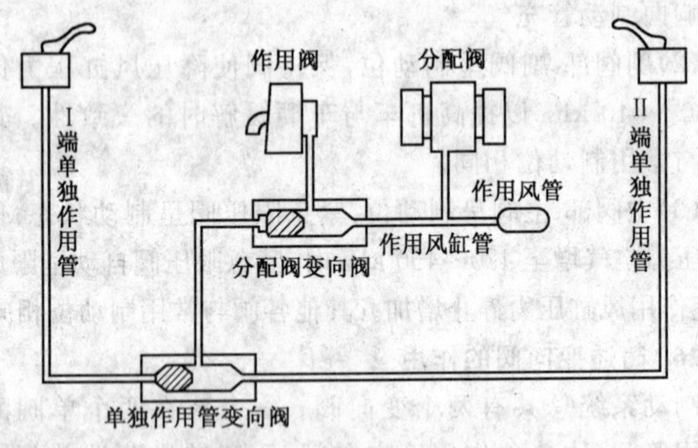

图 6-29　变向阀作用示意图

28. 紧急制动时制动管内压力空气已由自阀的放风阀直接排出，为何分配阀的紧急放风阀还要开启？

紧急制动若只有自阀放风阀开启，当双机或多机重联，本务机车施行紧急制动时，重联机车制动管内压力空气需全部由本务机车排出，等于本务机车次位挂有关门车，排风波速传至重联机车后就已降低，后部车辆也就不会产生紧急制动作用。为消除这一缺陷，JZ-7 型制动机增设紧急放风阀，本务机车施行紧急制动、自阀的放风阀开启后，重联机车紧急放风阀随之开启，排出制动管一部分压力空气，以提高排风波速，确保后部车辆产生紧急制动作用。对同一台本务机车而言，两个放风阀紧急制动时先后开启，对提高排风波速更为有利。

29. 自阀手把由过充位移至运转位后各处过充压力是如何消除的？

过充风缸内的压力空气由风缸本身 ϕ0.5 mm 的小孔缓慢排出；工作风缸，降压风缸和紧急风缸内的过充压力由分配阀逆流至制动管消除；制动管的过充压力由中继阀的排风口消除。

30. 制动管压力是否始终追随均衡风缸的压力变化？

不是。

(1)均衡风缸内不会有过充压力。

(2)均衡风缸的最大减压量仅 240-260 kPa。

(3)中继阀自锁时，均衡风缸的压力变化不会影响制动管的空气压力。

31. 工作风缸压力是否始终追随制动管的压力变化？

工作风缸压力既不会追随制动管减压，也不会追随制动管阶段增压。

32. 总风缸压力空气经哪些阀向何处充风？其目的是什么？

(1)经自阀的调整阀向均衡风缸充气，使均衡风缸保持规定压力。

(2)经自阀的重联柱塞阀向撒砂管充气，紧急制动时自动撒砂。

(3)经自阀的缓解柱塞阀向过充风缸充气，使中继阀内过充柱塞顶在中继阀膜板活塞左侧，从而保证制动管得到过充压力。

(4)经自阀的缓解柱塞阀向通路 8a 充气，客货车转换阀在货车位，自阀手把在后五位时，使总风遮断阀呈关闭状态。

(5)经中继阀向制动管充气，使制动管得到过充压力或保持规定压力。

(6)经主阀向作用风缸充气，使作用阀动作。

(7)经作用阀向制动缸充气，使机车制动。

(8)经单阀的调整阀向单独作用管充气，单独制动时，使作用阀动作。

33. 简述自阀过充位的作用和各阀通路

列车初充气或再充气时，迅速向制动管充气，使列车迅速缓解，此位置制动管可得到高于定压 30-40 kPa 的过充压力。各阀状态如下：

(1)调整阀　初充气时呈充气状态。均衡风缸增至定压时，自动呈充气后保压状态。

(2)放风阀　无通路。

(3)重联柱塞阀　均衡风缸管1→中均管4。

(4)缓解柱塞阀　①总风缸管3→过充管7；

②通路8 a→大气。

34. 简述自阀运转位的作用和各阀通路

制动管初充气或再充气，为使制动管恢复并保持规定压力以利列车全部缓解时，以及列车运行中均使用运转位。此时各阀通路与过充位基本相同，只有缓解柱塞阀切断过充管与总风缸的连通，只保留一条通路：通路8 a→大气。

35. 简述自阀制动区的作用和各阀通路

正常情况下使列车减速或停车时使用此位置。各阀状态和通路如下：

(1)调整阀　初减压时呈制动状态，均衡风缸压力降至与减压量相适应时自动呈制动后保压状态。

(2)放风阀　无通路。

(3)重联柱塞阀　均衡风缸管1→中均管4。

(4)缓解柱塞阀　①总风缸管3→通路8 a；

②过充管7→大气。

36. 简述自阀过量减压位的作用和各阀通路

当制动后缓解，制动管尚未增到规定压力又需要制动减压时使用过减位。各阀通路与制动区时相同，仅均衡风缸的减压量为240～260 kPa。

37. 简述自阀取柄位的作用和通路

机车重联、无动力回送或做本务机车时非操纵端使用的位置。各阀通路如下：

(1)重联柱塞阀 中均管 4→制动管 2，使中继阀自锁而失去控制制动管压力变化的能力。

(2)其他各阀通路与过减位相同。

38. 简述自阀紧急制动位时的作用和各阀通路

运行中遇特殊情况需要紧急停车时使用此位置。

(1)放风阀 制动管 2→大气，使列车紧急制动。

(2)重联柱塞阀 ①中均管 4→制动管 2；

②总风缸管 3→撒砂管 6；使中继阀自锁及机车撒砂。

(3)其他各阀通路与过减位时相同。

39. 试述自阀手把各作用位置时各阀的通路

各阀通路如表 6-1 所示。

表 6-1 自阀手把各位置通路表

<table>
<tr><th>通路 各阀
手把位置</th><th>调整阀</th><th>放风阀</th><th>重联柱塞阀</th><th>缓解柱塞阀</th><th>客货车转换阀</th></tr>
<tr><td>过充位</td><td rowspan="3">初充气时呈充气状态：总3→均1；至定压时是充气后保压状态，无通路</td><td rowspan="5">无通路</td><td rowspan="4">均1→中4</td><td>总3→过7；8a→大气</td><td rowspan="6">客车位时：遮8→大气。货车位时：遮8→通路8a。（与自阀手把位置无关）</td></tr>
<tr><td>运转位</td><td>8a→大气</td></tr>
<tr><td>制动区</td><td rowspan="4">过7→大气；总3→通路8a。</td></tr>
<tr><td>过减位</td><td rowspan="3">初减压时是制动状态：均1→大气；降至与减压量相适应时呈制动后保压状态，无通路</td></tr>
<tr><td>取把位</td><td>中4→制2</td></tr>
<tr><td>紧急位</td><td>制2→大气</td><td>中4→制2
总3→砂6</td></tr>
</table>

40. 简述单阀各作用位置的通路

(1)单阀缓解位 单阀柱塞阀：单独缓解管 10→大气；

调整阀:单独作用管 11→大气。

(2)运转位　单缓柱塞阀:无通路;

调整阀:单独作用管 11→大气。

(3)制动区　单缓柱塞阀:无通路:

调整阀:初制动时,总风缸管 3 向单独作用管 11 充气,同时经缩孔向膜板右侧空腔充气;模板两侧压力平衡时无通路;单独制动后阶段缓解时,单独作用管 11 阶段排气。

41. 简述分配阀主阀各作用位置的通路及作用

(1)制动位 制动管降压,空心阀杆上移,供气阀开启,总风缸压力空气由供气阀口至空心杆外侧周围后,一路至供气阀上部弹簧室,为关闭供气阀做准备;另一路经常用限压阀向作用风缸充气,使作用风缸增压。

(2)保压位 大膜板上方及小膜板上方压力之和、与大膜板下方压力平衡时,供气阀在其上部弹簧室内的压力作用下,压迫空心阀杆下移,供气阀关闭,因空心阀杆顶面与供气阀底面仍然没有脱离接触,故排气口仍未开启,主阀内无通路,其作用是使作用风缸停止增压。

(3)缓解位 制动管增压,大膜板上方及小膜板上方压力之和,大于大膜板下方空气压力时,空心杆下移,与供气阀脱离接触,排气口开启,作用风缸内的压力空气经常用限压阀或紧急限压阀由空心杆内腔至排气口排出。

42. 简述作用阀各作用位置的通路及作用

(1)缓解位 膜板活塞下方压力空气消失,空心阀杆下移,开放排气口,制动缸压力空气排出,机车缓解。

(2)制动位 膜板活塞下方压力空气增压,空心阀杆上移,供气阀开启,总风缸向机车制动缸充气,机车制动;同时总风缸压力空气进至供气阀上部弹簧室,为供气阀关闭作准备,如图 6-30 所示。

(3)保压位 膜板两侧压力平衡时，空心阀杆在供气阀弹簧压迫下向下移动，关闭供气阀，排气口仍然关闭，无通路，机车保持制动，如图 6-31 所示。

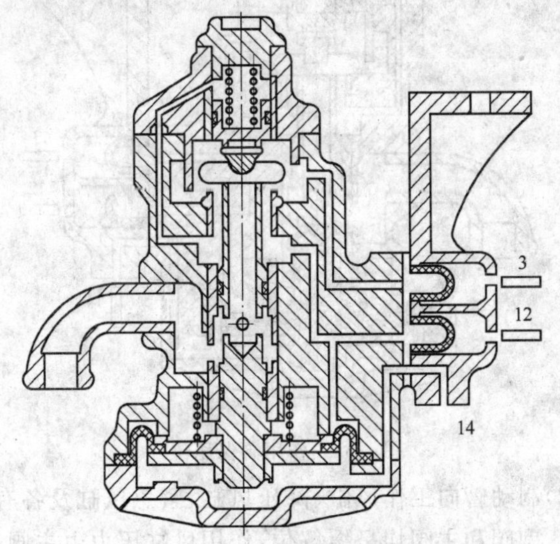

图 6-30 作用阀制动位

第三节 综合作用及故障处理

1. 试述自阀过充位(单阀运转位)的综合作用

(1)初充气时，调整阀呈充气状态，均衡风缸增压；重联柱塞阀将均衡风缸管和中均管连通，中继阀因膜板左侧增压，呈缓解充气位；因缓解柱塞阀将总风缸管与过充管连通，故过充柱塞顶在中继阀膜板活塞左侧；又因遮断阀管经客货车转换阀和缓解柱塞阀与大气连通，故总风遮断阀呈开启状态，制动管迅速增压，列车全部迅速缓解。均衡风缸增至定压时，调整阀自动呈充气后的保压状态；制动管增至高于定压 30～40 kPa 时，中继阀呈缓解后保压。

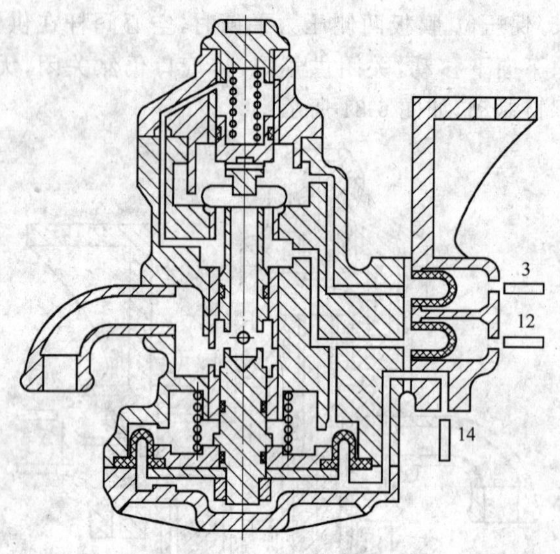

图 6-31　作用阀保压位

(2)制动管向工作风缸、降压风缸、紧急风缸及各有关气室充气，副阀和主阀均呈缓解位，作用风缸压力由主阀排出，作用阀呈缓解位，制动缸压力由作用阀排出，机车缓解。

2. 试述自阀运转位(单阀运转位)的综合作用

缓解柱塞阀将总风缸管与过充管的连通遮断，过充风缸压力空气由本身 ϕ0.5 mm 小孔自行消除，过充柱塞与中继阀膜板脱离接触；工作风缸、降压风缸、紧急风缸内过充压力由分配阀向制动管逆流，制动管过充压力由中继阀消除并保持规定压力，其他部分与过充位相同。

3. 试述自阀在制动区位的综合作用

(1)初减压时，中继阀膜板左侧压力空气→中均管→经重联柱塞阀→均衡风缸管→经调整阀→大气，中继阀呈制动位，制动管的压力空气由中继阀的排气阀排出，列车制动。

当均衡风缸压力降至与减压量相应时，调整阀呈制动后保压状态，中继阀亦随之呈制动后保压，制动管停止减压，列车保持制动。

当客货车转换阀在客车位时，总风遮断阀呈开放状态；在货车位时总风遮断阀呈关闭状态。

(2)副阀使制动管产生局部减压作用，主阀呈制动位，作用风缸增压，使作用阀呈制动位，总风缸压力经作用阀向制动缸充气，机车制动，作用风缸压力升至某一定值时，主阀呈保压位，作用阀亦随之呈保压位。常用限压阀限制作用风缸压力不超过 350 kPa，从而保证制动缸压力不超过 350 kPa。

4. 试述自阀过量减压位的作用

均衡风缸和制动管减压量增至 240～260 kPa，其他部分与制动区相同。

5. 试述自阀在取柄位的综合作用

因重联柱塞阀将均衡风缸管与中均管的通路遮断，同时将中均管与制动管连通，使中继阀自锁，自阀失去了对列车和机车的操纵能力。

6. 试述自阀在紧急制动位的综合作用

(1)自阀的放风阀开启，制动管压力空气直接由放风阀排出，列车紧急制动，另外总风缸管经重联柱塞阀与撒砂管连通，使机车撒砂管自动撒砂。

(2)紧急部呈紧急制动状态，使制动管制动波速进一步得到提高，紧急风缸压力小于放风阀弹簧压力时呈缓解状态；主阀呈制动位，作用风缸达 450 kPa 的压力时，紧急限压阀由制动状态自动呈限压状态；制动缸压力达 450 kPa 时，作用阀由制动位自动呈保压位，机车发生紧急制动作用。

7. 试述自阀运转位，单阀制动区的综合作用

单阀调整阀供气阀口开启，排气阀口关闭，总风缸向单独作用管充气，使作用阀呈制动位，总风缸压力经作用阀向制动缸充气，机车单独制动，单阀的调整阀控制制动缸压最高不超过 300 kPa。

8. 试述自阀制动区，单阀缓解位的综合作用

工作风缸压力空气经单缓柱塞阀排向大气，主阀呈缓解位，作用风缸压力空气经主阀排向大气，使作用阀呈缓解位，制动缸压力空气经作用阀排向大气，机车单独缓解。

9. 常用制动后再施行紧急制动时，机车为何不起紧急制动作用？

施行常用制动时，作用风缸内空气压力已经增加，紧急限压阀顶杆腔内因与作用风缸连通，压力也随着增加，止阀下部此时也与作用风缸连通，止阀在作用风缸空气压力及弹簧的作用下关闭阀口。在这种情况下再施行紧急制动，制动管空气压力虽然也能急剧下降，但因紧急限压阀柱塞活塞上下压力差减小，即使柱塞活塞能够向下移动，却也不能将止阀顶开，常用限压阀呈限压状态后作用风缸空气压力立即停止增加，因此机车不起紧急制动作用。

10. 单机停留时为何需要使用单阀对机车施行制动？

使用自阀虽能使机车制动，但若工作风缸或降压风缸泄漏时，尽管自阀手把仍在制动区，机车也会自然缓解，司机室如无人或车下有人作业时，极易发生机车自行溜逸而招致人身伤亡等事故。使用单阀制动，单阀作用管压力直接控制作用阀，只要总风缸内有压力空气，机车就可始终保持制动状态。

11. 追加减压时有时制动力为何不足？如何防止？

调整阀是自动保压式，均衡风缸泄漏时可随时得到补充；中继阀则不然，客货车转换阀手柄置于货车位，自阀制动后，制动管泄漏时却不能得到补充。均衡风缸压力高于制动管压力时进行追加减压，因制动管减压量小于均衡风缸减压量，列车制动力不按均衡风缸减压量的比例增加，故追加减压时制动力不足。

防止办法

(1)自阀制动后机车单独缓解时，机车要保持一定制动力，以防增加制动管的泄漏。

(2)尽量采取短波浪制动、以减少制动管泄漏时间。

(3)均衡风缸压力高于制动管压力时，应根据制动管实际压力来确定均衡风缸的追加减压量。

12. 列车制动机为一次缓解型，客货车转换阀手柄置于客车位操纵时有何危害？

因总风遮断阀呈开启状态，当制动管有漏泄，或自阀置于常用制动区后误将手把在制动区内向左移动时，会使列车制动机发生自然缓解，严重时甚至会导致发生列车放飏事故。

13. 过充压力消除过快是何原因？有何危害？

过充压力的消除，主要依靠过充风缸本身 ϕ0.5 mm 小孔控制缓慢进行。当孔径过大、或过充风缸及其管路漏泄时，自阀手把由过充位移至运转位，均会使过充压力消除过快，从而产生自然制动。

14. 总风遮断阀口关闭不良是何原因？有何现象？

遮断阀胶垫不平整、阀口损伤，有异物时，或阀体直径为 2 mm 的通气孔堵塞且阀套 O 形圈密封不良时，均会使遮断阀口关闭不良。

客货车转换阀置于货车位，自阀手把在制动区反方向移动时，制动管可阶段增压。

15. 主阀空心阀杆上端 O 形圈密封不良有何现象？

自阀手把前两位正常，后五位时主阀排气口排气不止。

16. 工作风缸充气止回阀充气限止堵堵塞有何现象？

充气限制堵孔径为 1.2 mm，堵塞后将会影响工作风缸增压速度，使工作风缸压力由零增至 480 kPa 的时间超过 60 s。

17. 列车制动机为一次缓解型时，牵引时应注意什么？

双端的客货车转换手柄必须置于货车位；分配阀转换盖板置于一次缓解位，非操纵端两制动手柄均应取出，各塞门位置应正确。

18. 自阀手把由运转位直接移至取柄位后，即换端操纵时有何危害？

(1)直接移至取柄位时，中继阀立即自锁，制动管压力不会发生变化，机车也就不会产生制动作用，换端过程中机车容易溜走而发生事故。

(2)因中继阀自锁，中均管压力与制动管相同。换端后自阀手把由取柄位移回运转位，中均管压力急速降至均衡风缸，中继阀呈制动位，制动管急速排风，引起紧急放风阀口开启，机车产生紧急制动作用。单机因制动管容积有限，均衡风缸增压后中继阀便呈缓解充气位，制动管充风速度高，可使紧急放风阀口关闭，故机车产生紧急制动后可自动缓解。

19. 均衡风缸泄漏时有何现象？

大漏时，均衡风缸和制动管均无压力。

小漏时，自阀手把前两位均衡风缸和制动管增压慢；自阀手把制动区时，均衡风缸降压快，客货车转换阀货车位时，制动管降压快，且大于均衡风缸减压量，但制动管保压良好(减压量大时制动管压力可降至零，甚至使机车产生紧急制动作用)，自阀手把取柄位时均衡风缸排气时间小于 4 s，制动管压力正常。

20. 中均管泄漏时有何现象？

自阀手把前五位时，与均衡风缸泄漏现象相同，取柄位时，均衡风缸排气速度正常，制动管压力逐渐下降。

21. 制动管泄漏时有何现象？

自阀手把前两位时，均衡风缸增压正常，制动管增压缓慢，客货车转换阀置于货车位时，自阀手把制动区和过减位时，均衡风缸排气速度正常，制动管不保压；取柄位，不论客货车转换阀置于哪个位置，制动管均不保压。

22. 如何判断均衡风缸、制动管、中均管泄漏？

客货车转换阀置于货车位。自阀手把制动区，过减位、取柄位制动管都不能保压时，为制动管泄漏；制动区、过减位制动管保压良好，但取柄位却不保压时，为中均管漏；制动管保压良好，但降压快（甚至常用制动时起非常），自阀手把前两位增压缓慢时，为均衡风缸及其管路泄漏。

23. 如何判断均衡风缸、制动管、中均管大漏？

自阀手把运转位均衡风缸压力正常但制动管无压力时，为制动管大漏；运转位、制动区、过减位均衡风缸和制动管都无压力，取柄位均衡风缸压力正常但制动管仍无压力时，为中均管大漏；自阀手把各位置均衡风缸和制动管都无压力，且拧紧调整阀手轮也无变化时，则为均衡风缸及其管路大漏。

24. 中继阀排风口排风不止是何原因？如何判断？

双阀口式中继阀的供气部分漏泄或排气部分漏泄，都会使排气口排气不止。

自阀手把运转位，将调整阀手轮全部松开，制动管追随均衡风缸压力降至零后即停止排气时，为排气部分漏泄；仍然排气不止时，为供气部分漏泄。

25. 总风遮断阀管 8 或通路 8 a 半堵时有何现象？如何判别？

自阀制动后手把移回运转位，均衡风缸立即正常增压，但制动管须过一会儿待遮断阀口开启后才能正常增压。

判别:自阀手把制动区,将客货车转换阀置于客车位,二位柱塞阀尾端排气时为通路8a半堵;排气缓慢则为总风遮断阀管8半堵。

26. 如何判别工作风缸内漏和外漏?

自阀制动后,工作风缸内漏和外漏,都会使机车不制动或制动后自然缓解,工作风缸压力降至与制动管压力相同便停止下降时,为工作风缸内漏;降至压力相同后,工作风缸与制动管压力仍继续同时下降则为工作风缸外漏。

27. 工作风缸内漏、外漏各指哪些处所?

外漏指工作风缸及其管路泄漏将压力空气漏至大气,内漏指工作风缸充气止回阀胶垫不平整、阀口有损伤、有异物时,将工作风缸压力空气漏入制动管;副阀柱塞或阀套尾端O形圈密封不良时,将工作风缸压力空气漏入降压风缸。

28. 作用阀排风口为何排风不止?如何判断?

作用阀中供气阀橡胶底面不平整,阀座有异物、有伤痕时,均会造成供气部分漏泄;空心阀杆顶面有伤痕、有异物、阀杆上部O形圈密封不良时,均会造成排气部分漏泄。供气或排气部分泄漏,都会使作用阀排气口排风不止。

单阀手把置于运转位。自阀手把各位置作用阀排风口均排风不止时,为供气部分泄漏;自阀前两位正常,仅后五位排风不止时,为排气部分泄漏。

29. 如何判断单阀调整阀盖下方缺口排气不止的故障处所?

单阀调整阀供气或排气部分泄漏,均会使阀盖下方缺口排风不止。单阀手把各位置均排气不止时,为供气部分泄漏;手把仅制动区排气不止时,为排气部分泄漏。

30. 如何判别分配阀与作用阀故障?

使用自阀操纵,机车制动、缓解不良,但使用单阀正常时为分配阀故障;使用单阀、自阀操纵,机车制动、缓解均不良时，则为作用阀故障。

31. 如何判别两变向阀柱塞O形圈密封不良？

自阀制动、操纵端单阀调整阀盖下方缺口排风不止、单阀制动主阀排风口排风不止时，为分配阀变向阀柱塞O形圈密封不良；自阀操纵正常，单阀制动，非操纵端单阀调整阀盖下方缺口排风不止时，为单阀作用管变向阀柱塞O形圈密封不良。

32. 变向阀柱塞卡滞时有何现象？如何处理？

分配阀变向阀柱塞卡滞在单阀作用管侧时，自阀制动有效，单阀制动无效；柱塞卡滞在作用风缸管侧，单阀制动有效，自阀制动无效，但自阀制动后移回运转位时，主阀排气口排气正常。

单阀作用管变向阀柱塞卡滞时，自阀制动有效，单阀一端制动有效；另一端制动无效。

处理方法：将制动阀手把移至制动无效时的作用位置，然后轻轻敲击故障变向阀体，一般情况下故障便能自行消失。

33. 作用风缸管堵塞时有何现象？

单阀制动正常，自阀制动，开始时工作风缸表针上下摆动，主阀排风口间断排风。若仅将作用风缸堵塞时，机车能产生制动作用，但机车制动缸表针也会上下摆动，作用阀排风口间断排风；若将通往分配阀变向阀的作用风缸支管堵塞时，机车不制动，作用阀排风口不排风，仅工作风缸表针上下摆动，主阀排气口间断排风。

34. 限压阀泄漏时有何现象？

常用限压阀柱塞O形圈密封不良或紧急限压阀止阀关闭不良时均会造成限压阀泄漏。当制动管减压量小于常用限压阀所限制的压力范围时，无故障现象；当制动管减压量大、机车制动缸增压量大于常用限压阀所限制的压力范围时，限压阀虽呈限压位，机车制动缸却仍可继续增压，最高可增至与总风缸压力相同。

35. 紧急限压阀O形圈密封不良有何现象？

当制动管与作用风缸间O形圈密封不良时，自阀手把前两位，制动管增压缓慢，主阀排气口排气不止，自阀手把制动区，制动管压力漏入作用风缸，使制动管压力逐渐下降，机车制动缸压力上升，两者压力平衡时制动管停止降压，机车制动缸停止增压。自阀紧急制动位，作用风缸压力漏入制动管时，使自阀凸轮盒排风口排风不良。

36. 副阀部充气阀排风口排风不止是何原因？

自阀手把前两位排风不止时，为副阀柱塞或阀套端部第一道O形圈密封不良，将制动管压力空气漏入局减室所致，自阀手把后五位，充气阀呈作用位时其排风口排风不止、为充气阀柱塞或阀套端部第一道O形圈密封不良，将局减室压力空气漏入排风口所致。

37. 如何判别工作风缸与制动管漏泄？

自阀手把前两位，工作风缸与制动管泄漏，均会使制动管增压缓慢，自阀制动后，制动管泄漏时，工作风缸压力正常，机车制动缸压力随制动管泄漏而逐渐增高；工作风缸泄漏时，其压力逐渐下降，机车自然缓解。

38. 降压风缸泄漏时有何现象？

自阀制动正常，保压一段时间后机车突然自行阶段缓解，工作风缸指示压力阶段下降，机车制动缸压力降至零后，制动管和工作风缸压力同时下降。

39. 主阀供气阀漏泄时有何现象？

自阀手把前四位时，主阀排气口排气不止；手把后三位，机车制动缸压力增至限压阀所限制的压力时，主阀排气口则停止排气。

40. 自阀手柄在制动区,机车起紧急制动作用是什么原因?

(1)均衡风缸管堵塞,使均衡风缸容积大大缩小,这可由检查均衡风缸的排风速度来断定。

(2)分配阀的紧急放风阀第一排风堵与第二排风堵装错或堵塞。

(3)紧急放风阀充气限制堵因污物堵塞。

41. 过充压力消除过快为何会引起自然制动?

制动管最小减压量理论计算值为 41.5 kPa 它是在如下假设前提下确定的:

(1)制动缸缓解弹簧的阻力,是按制动缸活塞最大行程 200 mm 时取值 35 kPa 计算,实际上初压缩阶段达不到 35 kPa,制动缸活塞行程也远小于 200 mm。

(2)副风缸活塞与制动缸容积比按 3.25 计算,实际值要大于 3.25。

(3)目前使用的三通阀具有局部减压作用,这一特点在确定最小减压量时也未考虑。因此实际最小减压量小于 40 kPa。根据试验,制动管减压 20 kPa 以上时,列车就能产生制动作用。所以,当制动管内过充压力消除过快(超过 20 kPa)时,就会产生自然制动。

值得特别指出,以上分析旨在阐述过充压力消除过快产自然制动的原因,并不证明最小减压量理论计算值有任何错误,实际操作中绝对不允许随意降低最小减压量。

42. 自阀手柄在制动区,客货车转换阀处在货车位,此时手柄向运转位方向移动(未达到运转位)**制动管压力仍能上升是什么原因?**

(1)缓解柱塞阀组装尺寸不正确,使总风缸管与通路8 a 不能全部沟通或不通(柱塞尾部到套端面的距离为7.5 mm)。

(2)阀体内的 8 a 通路堵塞或铸造通路清砂不净。

(3)凸轮盒内胶垫挤死。

(4)客货车转换阀柱塞组装尺寸不正确(柱塞尾端到体端面为 8.55 mm)。

43. 自阀调整阀盖下方缺口排风不止是何原因?如何判别?

当调整阀柱塞 O 形圈密封不良,供气阀座损伤(关闭不良)或供气阀弹簧犯卡、过软时,均会造成供气部分泄漏,当膜板破裂、压母松动、排气阀座损伤(关闭不良)、或排气阀弹簧犯卡、过硬时,均会造成排气部分泄漏。供气部分和排气部分泄漏,均会使调整阀盖下方缺口排气不止(均衡风缸使用 1.5 级压力表,其灵敏度低于调整阀的灵敏度,故压力表指针一般不会上下摆动)。

判别方法:

自阀手把移至取柄位,使用调整手轮将调整弹簧全部松开,均衡风缸压力降至零,缺口停止排气时,为排气部分泄漏,若均衡风缸压力不能降至零、或降至零后缺口仍然排气不止时,则为供气部分泄漏。

44. 正向连挂列车后,手把直至取柄位,换端后移回运转位,为何有时制动管不充风?如何处理?

自阀手把由运转位直接移至取把位后换端操纵,这是一种不正确的操纵方法。连挂列车后这样换端,再将手把由取柄位移回运转位时,机车分配阀中紧急放风阀口将自动开启。此时若将制动软管连接妥善,并恰好开放列车和机车制动管折角塞门时,制动管容积立即增大,制动管充风速度降低;不能强行将紧急放风阀口关闭,于是造成空气压缩机泵风不止,制动管由中继阀充风的同时,又由紧急放风阀口直接排向大气,致使制动管始终不能增压。

处理方法:

自阀手柄移至紧急制动位，待紧急放风阀口自行关闭后，再将手柄移回运转位即可。

45. 如何判别工作风缸与降压风缸漏泄？

自阀制动，机车制动缸压力不能按比例上升，且不能保压，工作风缸指示压力下降时，为工作风缸泄漏；若机车制动缸增压正常，保压一段时间后，工作风缸突然阶段下降，机车也突然阶段缓解，则为降压风缸泄漏。

46. 如何防止异物将自阀的放风阀阀口卡住？

根除的办法是在自阀的制动管上装设管道滤尘器。但即使装设管道滤尘器后，机车制动管不与车辆或其他机车的制动管连接时，也应及时装好制动管防尘堵，以清除煤渣等异物进入制动管的机会。

47. 施行紧急制动时，为何往往有煤渣等异物将自阀的放风口卡住？卡住后如何处理？

因自阀制动管上未装设管道滤尘器，施行紧急制动时制动管内的煤渣异物便向自阀的放风阀运动。当异物的当量直径与放风阀口开度大致相同，并运动至放风阀口处时，便会将放风阀口卡住，造成放风阀口不能关闭。

放风阀口一旦被卡住后，可将自阀手把在过充位及紧急制动位反复移动几次，同时轻轻敲击放风阀体。若仍不能使异物自行排出时，可将司机室地板下方自阀制动管上的塞门关闭后换端操纵；或解体清扫自阀的放风阀。

48. 非操纵端自阀手把误至运转位时有何现象？

操纵端自阀施行制动时，均衡风缸减压正常，但制动管压力下降，操纵端中继阀排风口排风不止。

第四节　JZ-7 型空气制动机理论知识

1. 常用限压阀调至 450 kPa 的压力后，能否完全代替紧

急限压阀的作用？为什么？

不能。此时常用限压阀只能代替其紧急限压作用，而常用限压阀需要由限压状态转换为正常状态时，必须仍然依据紧急限压阀先为作用风缸提供一条排气通路之后才能完成。

2. 分配阀主阀大、小膜板活塞有效面积如何计算？面积各是多少？

因膜板并不在同一个平面内，所以有效面积 S 按下式计算：

$$S=\frac{\pi}{12}(D^2+Dd+d^2)$$

式中 D——膜板外径(cm)；

d——膜板活塞硬心直径(cm)。

(1)大膜板活塞 $D=15$ cm，$d=13$ cm，有效面积 $S_{大}$：

$$S_{大}=\frac{\pi}{12}(15^2+15\times13+13^2)=154\ \text{cm}^2$$

(2)小膜板活塞 $D=9.5$cm，$d=7.5$cm，有效面积 $S_{小}$：

$$S_{小}=\frac{\pi}{12}(9.5^2+9.5\times7.5+7.5^2)=57\ \text{cm}^2$$

(3)有效面积比$=\frac{S_{大}}{S_{小}}=\frac{154}{57}=2.7$

3. 自阀制动后，机车单缓至零，为何会增加制动管泄漏？

自阀制动后，副阀由制动位自动呈保压位。机车单缓至零，副阀仍呈保压位，但充气阀由作用位自动呈缓解位，副阀部形成了这样一条通路：制动管→副阀→局减止回阀→充气阀排风口，所以使制动管泄漏增加。另外若单阀将工作风缸压力排至低于制动管压力时，制动管将经工作风缸充气止回阀向工作风缸补风，制动管泄漏更大。

4. 调整阀凸轮表面磨耗较大时有何现象？凸轮半径数值是多少？

与过充、运转位对应的凸轮半径约为 36.6 mm;与取柄、过减、紧急制动位对应的半径约为 33.28 mm;与最小减压位对应的半径约为 36 mm;与最大减压位对应的半径约为 34.3 mm。与最小、最大减压位之间所对应的凸轮外圆周表面是一条阿基米德螺线,总降程量约为 1.7 mm。自阀手把在制动区每旋转 4.17 度,凸轮降程量约为 0.1 mm,均衡风缸减压量约为 10 kPa。

调整阀凸轮圆周表面磨耗较人时,将会使均衡风缸减压量不准确。

5. 均衡风缸最大减压量排风时间大于 7 s 是何原因?有何危害?

调整阀柱塞组装尺寸过短(原形为 61.1+0.3 mm),脏物堵着使其动作不灵活,排气阀弹簧力较弱,均会使排气阀开度不足。均衡风缸排气缓慢;另外当膜板压母孔径小于 1.3 mm 时,也会使均衡风缸减压 240 kPa 的排风时间大于7 s。

均衡风缸排气时间过长,会增加空走时间,延长制动距离,易发生行车事故,运行中遇此故障,必要时应及时施行紧急制动。

6. 均衡风缸最大减压量排风时间小于 4 s 是何原因?有何危害?

当均衡风缸内积水过多,有泄漏处所,或膜板压母孔径大于 1.3 mm,都会使均衡风缸排气速度过高。

均衡风缸排气速度过高,会使制动管排气速度同样增高,当制动管排风速度大于 650~750 kPa/s 时,常用制动就会产生紧急制动作用。

7. 重联柱塞阀各位置柱塞尾端至阀套端面距离各是多少?

自阀手把过充位、运转位、制动区、过减位时,为 7.5 mm,

取柄位时为 13.5 mm;紧急制动位时为 20 mm(柱塞组装尺寸为 75.5+0.2 mm)。

8. 缓解柱塞阀各位置柱塞尾端至阀套端面距离各是多少?

自阀手把过充位时为 14 mm;运转位时为 7.5 mm;后五位时为 0.5 mm(柱塞组装尺寸为 81.5±0.2 mm)。

9. 客货车转换阀各位置,二位阀柱塞尾端至阀体端面的距离各是多少?

客车位时为 15.55 mm;货车位时为 8.55 mm(二位阀柱塞组装尺寸为 74.45-0.2 mm)。

第五节　JZ-7 型空气制动机作业技能

1. 更换不良制动软管

(1)使用工具及材料

55 mm 开口扳手(或 18 英寸管子钳),制动软管,麻及白铅油。

(2)工作程序

① 确认折角塞门在关闭状态后,打开防尘堵。

② 用 55 mm 开口扳手松下制动软管,检查折角塞门接口的螺纹是否良好。

③ 装制动软管时,应检查水压试验日期及螺纹是否良好,并在螺纹上涂上白铅油和绕上细麻。

④安装制动软管后,软管斜度为 45°,接口向内垂直。装好防尘堵,开放折角塞门,试验有无泄漏。

⑤安装制动软管时,不得紧过劲再回扣。

2. 更换不良闸瓦

闸瓦有裂纹或到限时(20 mm)均须更换。

更换闸瓦时,应关闭该组制动缸塞门,使其他组制动,以保安全。松开调整装置,使闸瓦至轮箍踏画的距离增大,即可卸下旧闸瓦，装上新闸瓦。装好穿销后，应用撬棍撬动，检查穿销位置是否正确。

3. 调整制动缸活塞行程和闸瓦间隙

用调整装置调整闸瓦与踏面的间隙，使其在 6～8 mm 的范围内。制动缸活塞行程应符合规定。

如闸瓦间隙上下不一致，可用闸瓦间隙调整器的支撑螺母调整。制动缸活塞行程按车型而定。

4. 自阀的拆装、解体、清扫与检查

(1)使用工具及材料

19 mm 开口扳手、螺丝刀、工业凡士林、橡胶 O 形圈、垫。

(2)工作程序

①有风压时，先关闭总风缸塞门，风管内的压力由塞门上的小孔排出或施行非常制动排出，也可用自阀多次制动缓解以排出内部压力空气。余风排出后，用 19 mm 开口扳手卸下四条安装螺栓，取下自阀及单阀，并检查管座胶垫是否良好。

②将自阀及单阀夹在虎钳上，取下手把。拆卸时，手把置取出位时，不要猛提手把，以免发生工伤。手把取出后，检查手把卡齿弹簧是否良好。再用 19 mm 开口扳手卸下单阀三条安装螺栓，把单阀取下。

③将自阀放在钳工台上，拆开凸轮盒及调整阀盖，取出调整阀柱塞、放风阀、重联柱塞、缓解柱塞及弹簧，松开客货车转换阀、柱塞及弹簧；取出调整阀弹簧及托、排气阀，取出后用风吹扫，检查供气阀、弹簧及垫是否到限；检查 4 个凸轮及垫，如到限时应更换。更换各阀(调、放、重、缓、客货)橡胶 O 形圈。

④组装程序与上述相反。

5. 单阀的拆装、解体、清扫与检查

(1)使用工具及材料

19 mm 开口扳手、螺丝刀、工业凡士林、橡胶 O 形圈、垫。

(2)工作程序

①有风压时,先关闭总风缸塞门,并将减压阀调整弹簧全松。用 19 mm 开口扳手卸下三条安装螺栓,取下单阀,并检查管座胶垫是否良好。

②将单阀夹在虎钳上,取下手把。拆开凸轮盒及调整阀盖,用风吹扫,取出调整柱塞、定位柱塞、单缓柱塞及弹簧、凸轮及垫,到限时应更换。更换各阀(调、定、单缓)橡胶 O 形圈。

③组装程序与上述相反。

6. 如何调整均衡风缸压力?

松开自阀调整螺母,将调整手轮调至规定压力后,紧固调整螺母。

7. 如何调整单阀压力?

松开单阀调整螺母,将调整手轮调至规定压力后紧固调整螺母。

8. 如何调整常用限压阀压力?

松开固定螺母,用螺丝刀将其压力调至规定压力后紧固固定螺母及防缓螺母。

9. 如何调整紧急限压阀压力?

松开固定螺母用螺丝刀将其压力调至规定压力后紧固固定螺母及防缓螺母。

10. 简述自阀机能试验

(1)制动管减压 50 kPa,制动缸压力为 100～125 kPa,制动管漏泄量每分钟不超过 20 kPa。在制动区向右移动 3～4 次,检查阶段制动是否稳定。制动管减压量与制动缸压力上升的比例是否正确。最大减压位，制动管减压量为 140 kPa 或 170 kPa，制动缸压力为 350 kPa 或 420 kPa。

单阀缓解良否，应能缓解到 50 kPa 以下。

单阀复原弹簧作用良否。

自阀缓解良否，均衡风缸及制动管应恢复定压。制动缸压力下降为 0。

(2)待分配阀各气室充满风后，再制动管减压 140 kPa 或 170 kPa，制动缸压力由 0 上升到 350 kPa 或 420 kPa 的时间为6～7s 或 7～9 s。

缓解良否，制动缸压力由 350 kPa 或 420 kPa 降到 35 kPa的时间为为 5～7 s 或 7～9 s。均衡风缸、制动管、作用风缸的压力应恢复正常。

(3)自阀手柄过减位时均衡风缸及制动管减压量应在 240 kPa～260 kPa 之间，制动缸压力应在 350 kPa 或 420 kPa 之间，不得起紧急制动。阶段性回运转位时，均衡风缸压力回升而制动管压力保持不变，总风遮断阀作用良好。缓解良好，各风表压力恢复正常。

(4)自阀手柄取柄位时，均衡风缸减压量应在 240～260 kPa。制动管压力不变，中继阀自锁。自阀手柄移至过充位，制动管过充压力应为 30～40 kPa，过充风缸排风小孔应排风。

过充压力能自动消除的时间应不少于 120 s，机车不应引起自然制动。

(5)自阀手把紧急制动位时制动管压力在 3 s 内降到 0，制动缸压力达到 450 kPa，其升压时间为 5～7 s。均衡风缸减压量为 240～260 kPa，撒砂装置自动撒砂。单阀手柄置单缓位 12～15 s，制动缸压力开始缓解，并能逐渐缓解到 0。

单阀复原作用良好，制动缸压力不应回升。

自阀缓解作用良好,各风表压力恢复正常。调压器作用检查:总风缸压力降到(760± 20)kPa 时,空压机开始泵风,由 760 kPa 升至 800 kPa 所需时间不大于 1 min;安全阀在总风缸压力为 810～840 kPa 时开启。

11. 简述单阀机能试验

(1)单阀制动作用良好。阶段制动应稳定,制动缸压力达到 300 kPa。阶段缓解作用应良好。

(2)制动缸压力由 0 上升到 300 kPa 的时间应在 3 s 以内,检查制动缸活塞行程应符合规定。

(3)制动缸压力由 300 kPa 降到 35 kPa 以下的时间应在 4 s 以内。

12. 简述空气压缩机机能试验

(1)各部应安装牢固,无异音、无漏泄。

(2)发动机在额定转速下,总风缸压力由 0 升至 800 kPa 所需时间不大于 5 min。

(3)总风缸压力由 760 kPa 升至 800 kPa 所需时间不大于 1 min;安全阀在总风缸压力为 810～840 kPa 时开启。

(4)空压机机油油压规定为 300～500 kPa。

13. 简述中继阀机能试验

(1)自阀手柄在制动区阶段减压制动时,中继阀阶段排气性能正常;阶段缓解(客货车转换阀货车位)时,制动管压力应保持不变,直至自阀手柄到运转位时为止。

(2)自阀手柄在取柄位时中继阀应自锁,且活塞两侧压力平衡。

14. 简述 JZ-7 型制动机的七步闸机能试验

检查方法及项目如表 6-2 所示。

(1)确认风表指示压力

①总风缸压力 700～800 kPa;

表6-2　JZ-7型制动机七步闸机能试验

操作顺序	自阀									单阀					
	过充位	运转位	制动区（小）	制动区	制动区	制动区（大）	过减位	取把位	紧急位	单缓位	运转位	制动区（小）	制动区	制动区	制动区（全）
一		①⑥	②			③				④	⑤				
二		⑦⑨				⑧									
三		⑫	⑪				⑩								
四	⑭	⑮						⑬							
五		⑲							⑯	⑰	⑱				
六											⑳㉒				㉑
七											㉔				㉓

②均衡风缸压力 500 kPa 或 600 kPa；

③制动管压力 500 kPa 或 600 kPa；

④工作风缸压力 500 kPa 或 600 kPa；

⑤制动缸压力 0。

(2)制动管减压 50 kPa，制动缸压力为 100～125 kPa，保压 1 min 制动管漏泄量新车不超过 10 kPa；修理车每分钟不超过 20 kPa。

(3)由②到③在制动区移动 3～4 次，检查阶段制动是否稳定。制动管减压量与制动缸压力上升的比例是否正确。到最大减压时，制动管减压量为 140 kPa 或 170 kPa，制动缸压力为 350 kPa 或 420 kPa。

(4)单阀缓解良否，应能缓解到 50 kPa 以下。

(5)单阀弹簧复原作用良否。

(6)自阀缓解良否，均衡风缸及制动管应恢复定压。制动缸压力下降为 0。

(7)间隔 10 s 以上，待分配阀各气室充满风后再制动。

(8)制动管减压 140 kPa 或 170 kPa，制动缸压力由 0 升到 350 kPa 或 420 kPa 的时间为 5～7 s 或 7～9 s。

(9)缓解良好，制动缸压力由 350 kPa 降到 35 kPa 的时间为 5～7 s。均衡风缸、制动管、工作风缸的压力应恢复正常。

(10)均衡风缸及制动管减压量应在 240～260 kPa 之间，制动缸压力应为 350～420 kPa 之间，不得起紧急制动。

(11)均衡风缸压力回升，而制动管压力保持不变，总风遮断阀作用良好。

(12)缓解良否，各风表压力恢复正常。

(13)均衡风缸减压量应在 240～260 kPa。

(14)过充压力应为 30～40 kPa，过充风缸排风孔应排风。

(15)过充压力能自动消除的时间应不少于 120 s，机车不应起自然制动。

(16)制动管压力在 3 s 内降到 0。制动缸压力达到 450 kPa，其升压时间为 5～7 s。均衡风缸减压量为 240～260 kPa，撒砂装置自动撒砂。

(17)单阀手把置单缓位 10～15 s，制动缸压力开始缓解，25～28 s 内逐渐缓解到 0。

(18)单阀复原作用良好，制动缸压力不应回升。

(19)单阀制动作用良好。

(20)阶段制动应稳定，制动缸压力达到 300 kPa。

(21)阶段缓解作用应良好。

(22)制动缸压力由 0 上升到 300 kPa 的时间应在 3 s 以内。检查制动缸活塞行程应符合规定。

(23)制动缸压力由 300 kPa 降到 35 kPa 以下的时间应在 4 s 以内。

(24)脚踏撒砂试验：

踩 I 端撒砂阀时左侧一、二撒砂管应撒砂。

踩 Ⅱ 端撒砂阀时右侧一、二撒砂管应撒砂。

(25)机车无动力回送检查

先调整分配阀的常用限用阀，当施行全制动(即自动制动阀手柄置于最大减压位)时，制动缸最高压力限为 250 kPa。

15. 简述列车制动机进行全部试验

始发站对列车制动进行的全部实验，包括三通阀感度试验和车辆活塞行程的检查。

(1)三通阀感度试验

制动管减压 50 kPa，检查每辆车是否发生制动作用；检查制动管泄漏情况，泄漏量每分钟不得超过 20 kPa，缓解时，将自阀手柄置于运转位，检查车辆缓解状态。

(2)车辆制动缸活塞行程检查

实行最大有效减压（制动管压力为 500 kPa 时减压 140 kPa，如制动管压力为 600 kPa 时减压 170 kPa)，检查每辆车的制动缸活塞行程是否合乎规定；缓解时，将自阀手把推至缓解位后，再置于运转位。

16. 简述列车制动机简略试验

简略试验时，减压 100 kPa，试验制动管畅通情况，由列车尾部的轨道车辆司机确认最后一辆车是否起制动作用，然后向本务机司机显示缓解信号，并确认车辆制动后的缓解情况。

17. 简述列车制动机持续一定时间的试验

列车进入长大下坡道和高坡地段下坡前，在特定的制动试验站，除做列车制动机全部试验外，并按规定做好制动缸保压试验。施行最大有效减压，保压 5 min，制动管泄漏量每分钟不得超过 20 kPa，各车辆制动缸活塞行程应符合规定标准，无自然缓解现象。

第七章　操纵与保养

第一节　轨道车操纵方法

1. 轨道车的正确操纵有什么意义？

轨道车的正确操纵是轨道车行车安全的可靠保障，是保证车况良好，延长使用寿命，提高车辆使用效率的有利手段，乘务人员必须掌握正确的操纵方法。

接触网作业车的操纵与轨道车在行驶运行时的操纵是相同的，其配套的作业平台、随车吊及紧线装置的具体操纵方法参照第四章第四节。

2. 轨道车在操纵前有哪些准备工作？

(1)检查散热器的储水量。

(2)检查风扇皮带、空压机皮带的松紧度，并进行调整。

风扇皮带：以 20～50 N 的力压皮带，挠度为 10～20 mm。

空压机皮带：以 20～50 N 的力压皮带，挠度为 20～30 mm。

(3)检查发动机机油面高度是否在静满刻度线上，以及各部油、水、气路等密封装置有无渗漏现象。

(4)检查燃油箱油量的储备情况。

(5)检查基础制动的各部插销连接，制动管的连接和制动梁等安全托架情况。

(6)蓄电池接线应牢固，各仪表、灯光、刮水器是否正常。手制动装置是否有效。

(7)排出各风缸、油水分离器积水和油污。

(8)传动轴螺栓和拉杆机构螺栓有无松动及安全托架的紧固状态。

(9)检查轨道车与平车的车钩连接状态,制动系统制式不同时不得连挂。

(10)检查操纵装置有无异常现象及泄漏,发现问题必须及时处理。

(11)对具有两端操纵机构的轨道车,在非操纵端进行如下作业:

①将 H-6 型自动制动阀放在保持位(JZ-7 型制动机自阀放在取柄位);

②关闭自动制动阀通往列车管的截断塞门;

③手油门放到熄火位置;

④气动换向的轨道车,非操纵端的换向转换开关置中间位。非气动换向的轨道车换向杆放在中间位,并抽掉换向杆。

⑤各电气控制开关置于断开位。

3. 试述轨道车起步时应如何操纵

(1)踏下离合器踏板,将换向转换开关(非气动换向装置则扳动操纵杆)扳到拟行驶方向的位置,变速杆推入起步挡,鸣喇叭。

(2)两眼平视线路,观察情况是否正常;在缓慢加油的同时,慢抬离合器踏板;当发动机动力开始传递给传动部分时,逐渐加大手油门。

(3)轨道车开始移动后,再慢慢完全抬起离合器踏板,使轨道车平稳起步。

(4)在坡道上起步时,踏下离合器踏板,将变速杆推入起步挡,缓解制动机,待制动缸压力表上的指针将要回零时再起步,以免轨道车倒行。

4. 试述轨道车在平直道上应如何操纵

(1)轨道车起步后要逐步提高车速,到升挡时机(见 7-1 表)立即松开油门,同时迅速踏下离合器踏板,将变速杆推至空挡位,接着抬起离合器踏板,再立即踏下,并迅速将变速杆推入高一级挡位,然后再缓慢松抬离合器踏板,同时,逐渐加大油门。

表 7-1 JY290-10(JW-3A)型重型轨道车(92 km/h)
换挡时机及牵引吨位表

挡位	运行速度(km/h)	轮周牵引力(kN)	各坡道牵引吨位(t)					
			0‰	6‰	12‰	18‰	24‰	30‰
起步	4~7	38.9	910	360	210	140	100	70
1	7~11	37.8	910	360	210	140	100	70
2	11~15	37.2	910	360	210	140	100	70
3	15~21	29.3	910	330	170	100	70	50
4	21~27	21.7	910	230	110	60	40	20
5	27~37	16.0	770	150	70	30	20	10
6	37~52	11.7	470	90	40	10	—	—
7	52~72	8.7	260	40	10	—	—	—
8	72~92	6.5	105	10	—	—	—	—

(2)在减低一级挡位时,可先加空油,提高发动机转速,将变速器第一轴和中间轴的转速提高,使要进入啮合的两个齿轮圆周速度接近,以免挂挡时齿轮碰撞发响。加空油多少,随车速的快慢而定。

(3)换挡时要注意,不得向下看变速杆,预防线路上有意外情况发生。手脚配合要协调一致,动作要迅速准确,不要猛推硬拉,防止损坏机件。

(4)运行中,尽量避免不必要的制动。当需要实施制动时,先踏下离合器,变速杆推入空挡位,同时将自动制动机手柄移至常用制动位。

5. 简述轨道车在换向操纵时应如何进行

轨道车的换向必须在停车的状态下进行，变速杆置于空挡位，将换向转换开关(非气动换向则操纵换向手把)扳向准备行驶的方向。当换向装置不能换向到位时，将变速杆推入低速挡位，轻抬离合器，转动一下换向箱输入轴，再进行换向操作，此时，可实现换向。

6. 简述轨道车在操纵时有哪些注意事项

(1)起步要平稳，以减少冲击和振动，不准猛抬离合器踏板。

(2)遇有车轮空转，应适量撒砂，以增加车轮踏面和钢轨的黏着力。

(3)下坡时，发动机不准熄火，不准空挡溜放，适时使用制动机，防止超速。

(4)危及行车及人身安全时应采取紧急制动，车未停稳不得缓解车辆。使用紧急制动后，应对车辆进行检查。

(5)运行中，注意各种仪表是否正常，车辆各部有无异响、异味。

(6)中间站停车时，对走行、传动和制动部分进行检查。

7. 轨道车在运行中撒砂应注意哪些事项?

(1)撒砂量不可太多。轨面砂层太厚时，不仅不能增加黏着系数，反而会增加后部车辆的运行阻力。

(2)发生空转时应适当减小油门供油量，并适量撒砂。

(3)紧急制动列车降至 25 km/h 后再适量撒砂。高速运行撒砂因闸瓦和车轮间摩擦系数减小，会延长制动距离。

(4)在自动闭塞区段，单机运行使用紧急制动停车后，应适当移动车辆，防止砂粒造成轨道电路分路不良。

8. 撒砂方法有哪几种？如何使用？

(1)线式撒砂法：较长时间地向轨面连续进行微量撒砂叫线式撒砂法。适用于机车起动加速阶段或雨、雪、霜、露天气使轨面湿、滑时。

(2)点式撒砂法：向轨面断断续续地进行撒砂叫点式撒砂法。适用于列车以 20 km/h 以上的速度在上坡道运行有空转预兆时。

9. 试述在上坡道的操纵方法

应采用先闯后爬、闯爬结合的操纵方法。上坡前力求接近限制速度，减小爬坡距离。上坡后要拉高油门手柄，发挥机车最大牵引力，同时要防止空转。遇有雨雪天气或曲线半径小的弯道，应作预防性撒砂，一旦发生空转应及时将油门手柄回到适当位置，待空转停止后，适量撒砂，同时再拉高油门手柄。越过坡顶后，应待列车全部或大部车辆进入下坡后再放回油门手柄。

10. 试述在起伏坡道上的操纵方法

要善于利用坡度变化，灵活地调节列车速度，在不超速的情况下，尽量使坡底速度接近限制速度，采用“多闯少爬”的方法，充分利用动能闯坡，列车尽量以较高的速度通过坡顶。闯坡过程中，不要等速度降低太多再拉高油门，尽量减少油门高位置的爬坡距离。必须制动调速时，减压量要适当，缓解要及时，以减小制动损失。

在起伏坡道上，列车车钩处于伸张和压缩的状态，因此更应谨慎，掌握好加速和减速时机，缓和地变更车钩状态，避免因剧烈冲动而发生抻钩或列车分离事故。

11. 试述天气不良时操纵注意事项

(1)大风天气易运缓，强迫加速抢正点。司机应适当提高列车速度并加强瞭望，确保行车安全。

(2)大雾天气瞭望有困难，运行中勤鸣笛，出站后快抢点，为进站瞭望信号留出时间。接近预告标看不清主体信号时应立即减速，做好站外停车准备，严禁臆测行车。

(3)雨、雪、雾、露易空转，发车前应注意检查撒砂机能，起动和运行中合理掌握列车的运行速度，防止空转。制动时避免滑行，防止擦轮。

12. 试述寒冷季节操纵注意事项

注意油、水温度应保持正常，关闭门窗。挂车、起动、调速时要特别注意平稳，防止断钩。运行中每个区间自阀应不少于一次瞬间缓解(H－6 型制动机实施一次常用制动)，制动前也应先瞬间缓解，然后移至中立位 3～5 s，待制动管压力平衡后再减压，以防因三通阀凝滞动作不良引起冲动。制动后缓解时，列车未完全缓解前机车一定要保持适当制动力。停车后及时排除油水分离器及总风缸等处的凝结水。

13. 试述双机牵引或多台轨道车牵引运行时的操纵方法

双机牵引或多台轨道车牵引运行时，重联司机应听从本务司机所发出的信号，并进行复示。在未得到复示前，本务和重联司机均禁示起动或变更操纵方法。

①发车时，本务司机先鸣笛一长声，通知重联司机，待复示后，本务机车即开始起动，将列车全部车钩伸张(在坡道上车钩伸张困难时，可伸张部分车钩)，然后再鸣笛一长声，重联司机复示后随即起动，共同起车。起车后双机相互配合，尽快提高列车速度。

②当列车在下坡道上起车时，由本务机车起动，以免起动过猛，拉断车钩。

③运行中加速时，本务机车鸣笛一长一短声，重联机车复示后，两机车共同逐位提高油门手柄位置，不得错过加速时机。减速时本务机车鸣笛一长两短声，等重联机车回手柄

并复示后，本务机车再回手柄。

④在下坡道上制动调速时，禁止重联机车缓解制动缸压力。

⑤中间站停车检查机车时，如发现不良处所，应共同协作，迅速修复。

⑥当本务机车制动机发生故障时，由重联机车负责操纵列车制动机，维持运行到前方站停车处理。

14. 试述连挂作业时如何操纵

(1) 连挂速度不超过 3 km/h

(2)实现稳妥连挂，连挂后要试拉，检查连挂状态。

15. 怎样利用公里标观测列车运行速度？

按公里标测速的计算公式如下：

$$v = 3\,600/t$$

式中 v——观测的速度值(km/h)

t——运行一公里所用实际时间(s)；

3 600—— 1 h的秒数。

例：通过一公里距离所用的时间为 50 s，则实速 v 为：

$$v=3\,600/50=72\ \text{km/h}。$$

16. 怎样利用电线杆观测列车运行速度？

当两电线杆间距离为 50 m，列车通过此段时间为 t 秒，则

列车每秒走行的距离 $S=50/t$；

$v=S\cdot 3\,600\ \text{m/h}=180\,000/t(\text{m/h})=180/t(\text{km/h})$。

例：列车通过相距为 50 m 两电线杆的时间为 6 s，则实测速度为：

$$v=180/6=30\ \text{km/h}。$$

17. 简述防止列车断钩的注意事项

(1) 充满风再动车，伸开车钩再加速。

(2) 双机及多机重联时，要加强配合，协同动作。

(3) 途中调速时合理地使用制动机，不得造成列车前拉后拥。

(4) 紧急制动或低速制动后，列车未停稳不得缓解。

(5)常用制动后机车制动缸压力要保持 50 kPa 以上。缓解列车制动时，既要防止充风不足，也要防止过量供给。

(6)停车时必须施行保压停车。

第二节 制动机操纵方法

1. 什么叫制动？

对运行着的列车施加制动力，使其停止运动或减低速度，这种作用叫做制动。另外，对静止的机车车辆，采取适当措施以防止其移动，也叫制动。

2. 什么叫制动力？

由司机控制、通过制动装置引起的，并可根据需要进行调节的外力，机车车辆制动时，闸瓦作用在车轮踏面上，产生摩擦力。由于轮轨间的黏着作用，这个摩擦力在轮轨接触点处引起了与列车运行方向相反的外力，就是制动力。

3. 什么叫制动原力？

制动原力就是产生制动力的原始力量，即指作用在制动缸活塞上的压缩空气推动活塞后，由活塞杆传出的力称为制动原力。

制动原力＝制动缸压力×活塞面积×制动缸数

4. 什么叫制动压力？

闸瓦作用于车轮踏面上的压力，称为制动压力，亦称闸瓦压力。制动力的大小主要取决于闸瓦压力的大小。闸瓦压力大，制动力也大，但闸瓦压力不能过大，否则将产生“抱轮”现象。

5. 什么叫制动率？

作用在机车（列车）轮对上的闸瓦总压力与机车（列车）总质量之比，称为制动率。

$$制动率=\frac{闸瓦总压力}{机车(列车)总质量}$$

$$机车制动率=\frac{机车闸瓦总压力}{机车质量}$$

$$列车制动率=\frac{列车闸瓦总压力}{列车总质量}$$

6. 什么叫制动倍率？

制动原力通过基础制动装置的传递并增大后传给闸瓦，其增大的倍数称为制动倍率。

$$制动倍率=\frac{制动压力}{制动原力}$$

7. 什么叫制动传动效率？

制动缸的压力通过传动装置，在传动过程中，需要克服摩擦部件的阻力，所以闸瓦不能按原定的制动倍率得到制动压力。闸瓦实际制动压力与闸瓦理论制动压力之比称为制动传动效率。

$$制动传动效率=\frac{实际制动压力}{制动原力\times制动倍率}\times100\%$$

8. 什么叫制动机的最小减压量？

机车分配阀均衡活塞在移动时有一定的摩擦阻力；车辆制动缸活塞在移动时，既要克服摩擦阻力，也要克服活塞无压力侧缓解弹簧的反拨力，同时副风缸压力空气还要弥补活塞移动时造成的瞬间真空。为克服上述阻力使机车车辆产生可靠制动作用时制动管所施行的最小减压量，就叫制动机的最小减压量。根据试验，机车最小减压量为 40 kPa，车辆为 50 kPa。

9. 什么叫制动机的最大有效减压量?

列车制动减压时,车辆副风缸压力空气流入制动缸。当副风缸与制动缸空气压力均衡时所对应的制动管的减压量,就叫制动机的最大有效减压量。超过最大有效减压量时,制动力也不再增加。制动管定压为 500 kPa 时,最大有效减压量为 140 kPa;定压为 600 kPa 时,最大有效减压量为 170 kPa。

10. 什么叫 JZ-7 型制动机再制动和再缓解?

列车制动后,将自阀手柄移至缓解位,总风缸的压力空气直接进入制动管。当自阀手柄在缓解位停留时间较长,前部车辆过量供给,此时再将自阀手柄由缓解位移至运转位,车辆前部制动管压力空气将继续向后流动,致使前部车辆因呈减压状态而发生制动。这种制动后缓解不当所造成的部分车辆非正常制动的现象叫再制动。

利用自阀进行瞬间缓解,使已发生再制动的三通阀恢复缓解位,这种消除再制动的方法叫再缓解。

11. 什么叫偷风?有什么害处?

列车制动后保压时,人为地将自阀手柄由中立位短时间的移至缓解位、运转位或保持位,再移回到中立位,这种操纵方法俗称偷风。

因为车辆制动机一般是一次缓解型的,并没有阶段缓解性能,偷风会使列车全部缓解,极易造成人为行车事故,所以规定严禁偷风。

12. 什么叫滑行?有什么害处?

当制动力大于轮轨间黏着力时,闸瓦抱住车轮使其停止转动,但因惯性作用,车轮将继续在钢轨上滑行,这种现象叫做滑行。

滑行的危害:

(1)易将车轮踏面擦伤。

(2)车轮擦伤后继续转动时,将对轨面产生锤击作用,速度越高,锤击作用越大,不但增加了机车振动,而且易损伤钢轨和线路。

(3)轮轨间黏着状态被破坏,延长了制动距离。

13. 什么叫JZ-7型制动机“大劈叉”制动法?使用不当时有什么害处?

用自阀减压的同时,将单阀手柄推向缓解位,这种人为地缓解机车制动的操纵方法叫“大劈叉”制动法,也叫“拉弓闸”。

“大劈叉”制动法是使用不当时,极易损伤甚至拉断车钩。同时因机车不制动,使列车制动力下降。

14. 什么叫空走距离和空走时间?

自阀实行制动时,由制动管开始减压排气时起,到车辆闸瓦压紧车轮踏面开始产生制动力时止,列车所走行的距离叫空走距离。空走距离所用的时间,叫空走时间。

15. 什么叫全制动距离和有效制动距离?

由司机施行制动时起,到列车停止运行时止,列车走行的总距离叫全制动距离。由闸瓦压紧车轮踏面开始产生制动力时起,到列车停止运行时止,列车所走行的距离叫有效制动距离。

16. 使用紧急制动时应注意什么?

运行中遇有危及行车安全需施行紧急制动时,应踏下离合器踏板将油门手柄迅速退回零位;列车未停稳前不得移动自阀手柄或用单阀对机车进行单独缓解;速度降至25 km/h以下时,可适当撒砂,但已发生滑行时不可撒砂。故障排除后,发车前须进行制动机简略试验。

17. 使用紧急制动后,车不停稳为什么不准移动自阀手

把位置?

施行紧急制动后,如果制动管内压力空气尚未排完就将自阀手柄移至中立位,制动管压力空气排不尽,使制动距离延长;若将自阀手柄移至缓解位,前部车辆先缓解,后部车辆制动力还很强,易造成列车剧烈冲动,甚至会拉断车钩。

18. 什么叫保压停车? 何时使用?

列车制动后,自阀手把一直置于中立位直到列车停车为止,称为保压停车。

列车在车站停车时,必须实行保压停车,停车后制动管减压量达 80 kPa 以上。

19. 什么叫瞬间缓解? 有什么好处?

机车运行中,自阀或单阀手把由运转位迅速推向缓解位,1～2 秒后回到运转位,这种做法,叫做瞬间缓解。

单阀施行瞬间缓解,可消除因制动部件漏泄或作用不良而产生的机车自然制动现象。

自阀施行瞬间缓解,可防止车辆三通阀作用活塞固着,使其始终处于灵活状态,以保证作用良好。自阀施行瞬间缓解,也是消除再制动的最好方法。

20. 什么叫回风? 它是怎样产生的? 有什么害处?

H-6 型制动机施行常用制动,当制动管停止排风时,均衡风缸压力高于最初减压数值,这种现象叫做回风。

当自阀均衡活塞泄漏时,施行常用制动后,制动管排风的同时,会有一部分压力空气窜入均衡活塞上方,致使均衡活塞上方压力增加,提前关闭下方排风口,于是就产生了回风。

回风会使制动管减压量不足,列车不能得到预期的制动力,势必延长制动距离,甚至造成事故。

21. 什么叫“短波浪”式制动法? 有何优缺点? 使用时应

注意什么？

减压量大（一般在 100 kPa 以上）、降速快、制动距离短，这种操纵方法叫“短波浪”式制动法。

“短波浪”式制动法的优点是闸瓦不易发热；缺点是制动频繁，空气压缩机工作量大。此法适用于辆数少、吨数多的列车的操纵。

使用此方法时，应掌握好缓解时机，不可因缓解过早使列车速度剧增；同时要严防充风不足，错过下一次制动时机，造成违章超速、甚至放飏的严重事故。

22. 什么叫“长波浪”式制动法？有何优缺点？使用时应注意什么？

减压量小、降速慢、制动距离长，这种操纵方法叫“长波浪”式制动法。“长波浪”式制动法的优点是列车在较长的距离内，基本保持匀速运行，用风量小，空气压缩机工作量也小；缺点是闸瓦易发热，制动管有泄漏时不易掌握制动距离，此法适用于一般列车的操纵。

使用此方法时，应注意制动距离不宜过长，以免闸瓦过热时制动失效，在起伏坡道的线路上使用时，可用单阀调整机车的制动力。

23. 什么叫“一把闸”制动法？有何优缺点？

列车施行一次减压后不再追加和缓解，列车按一次减压所产生的制动力逐渐减速直至停车，这种操纵法就叫“一把闸”制动法。

优点是有助于正点运行；缺点是停车地点不易掌握，而且闸瓦磨耗快，掌握不当时会造成闸瓦熔化，使制动失效，因此不适于在长大下坡道使用。

24. 什么叫一段制动法和两段制动法？

施行制动后即不再进行缓解，根据列车速度进行追加减压，使列车停于预定地点，这就叫一段制动法。

进站前施行制动，待列车速度降至所需要速度时即进行缓解，充满风后再次施行制动，使列车停于预定地点，这种操纵方法就叫两段制动法。

25. 发生滑行的原因是什么？如何防止？

原因：

(1)因闸瓦压力过高，使制动力大于轮轨间的黏着力。

(2)轨面上有霜、雪、油脂等物，降低了黏着力。

防止办法：

(1)尽量避免在弯道或坡道上施行制动，并适当掌握减压量。

(2)低速制动时，一次减压量不可过多，机车制动力过大时可用单阀适当缓解。

(3)轨面潮湿或有霜冻时，可先适量撒砂。

26. 空转的原因是什么？如何防止？

空转的原因是由于轨面上潮湿或有霜冻等，致使机车牵引力大于粘着力，这时就会发生空转。

防止方法：

(1)出库前认真确认砂质状态，砂量应充足，撒砂装置机能应良好。

(2)挂车前适当撒砂，起车前压缩车钩。

(3)通过道岔群时不要提高油门手柄，有空转预兆时，提前撒砂或适当回手柄，但避免在道岔上撒砂。

(4)上坡前，在不超速的情况下，尽量利用机车功率提高列车速度。在坡道上有空转预兆时，提前撒砂。

27. 轻微减压后停车的列车，为什么要追加减压 80 kPa 以上时才缓解？

轻微减压后再缓解时，后部车辆三通阀，容易造成缓解不良。如追加减压后使总减压量超过 80 kPa，三通阀作用就灵活了，可避免缓解不良的现象发生。

28. 试验列车制动机时怎样判断列车后部有起非常制动作用的车辆？

试风时应倾听自阀下方排风口的排风音响，如发现排风音响有减弱或中断现象时，就说明后部有起非常制动作用的车辆。

29. 施行制动时根据哪些因素确定减压量和掌握制动时机？

应根据列车速度的高低，列车制动力的大小，制动距离的长短，线路纵断面和天气情况，牵引吨数、辆数，车辆种类，载货种类，编组情况，有无关门车，以及制动缸活塞行程和闸瓦材质等因素，来确定适当的减压量和掌握正确的制动时机，施行制动时要求稳中求准。

30. 制动管减压量与机车制动缸压力有什么关系？

H-6 型制动机制动管减压时，总风缸压力空气由分配阀作用部进入机车制动缸，而作用部又是根据均衡部压力室的压力空气进入作用部的多少来动作的。因为压力室的容积是作用部的 2.5 倍，所以机车制动缸的压力＝2.5×制动管减压量。

JZ-7 型制动机分配阀主阀大、小膜板活塞有效作用面积之比 2.7∶1。

31. 排风时间和充风时间在实际运用中有什么意义？

制动管压力空气由制动管排风口开始排风时起，至排风停止所需要的时间，称为排风时间。它与排风口直径、制动管的减压量及牵引辆数有关。

排风时间的长短，直接影响列车的空走距离，对正确使用制动机，准确掌握制动时机大有帮助。熟悉排风时间，还可计算发生制动的车辆数，防止在制动管折角塞门关闭的情况下盲目发车。

制动管（包括副风缸）由开始充风增压时起，至增至定压所需要的时间为充风时间。它与列车制动机类型、自阀手柄位置、牵引辆数等有关。

掌握充风时间，可防止制动管充风不足，特别是采用两段制动及长大坡道运行时，充风不足是发生一般C类以上事故的重要因素之一。

32. 试述制动力是怎样形成的

如图 7-1 所示，车轮滚动时，若闸瓦以总压力 K 压向车轮踏面，则轮、瓦间就会产生摩擦力 $K\phi_k$（ϕ_k 为轮、瓦间的摩擦系数）。由于摩擦力 $K\phi_k$ 的作用，轮、轨接触点处就使钢轨产生反作用力 B_k 作用在车轮上，使列车减速以至停车。B_k 就是制动力，它是可受人控制的、与列车运行方向相反的外力，其值为：$B_k = K\phi_k$（吨）。

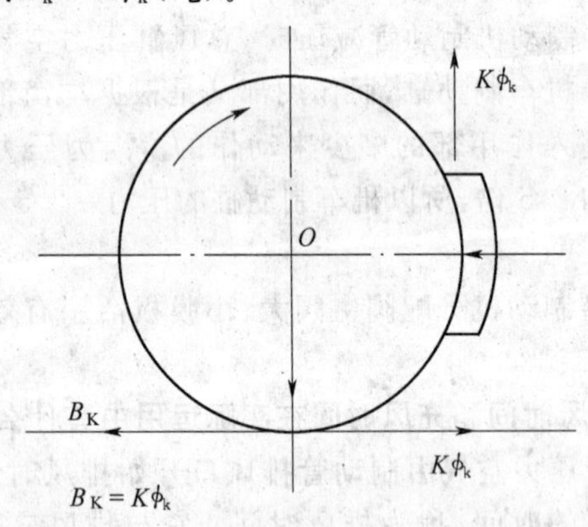

图 7-1

33. 自阀常用减压后再施行紧急制动，为什么车辆不产生紧急制动作用？

主要因为常用减压后，副风缸的一部分压力空气已进入制动缸，使三通阀活塞两侧压力差已经降低，此时再施行紧急制动，三通阀活塞不能移动到非常制动位，三通阀中的紧急阀不起紧急制动时局减作用，所以车辆也就不产生紧急制动作用。

34. 车辆制动缸活塞行程过长为什么会影响列车制动力？

（1）制动缸活塞行程过长，则增大了制动缸的空气容积，降低了与副风缸的容积比，所以会影响制动力。

（2）延长了副风缸向制动缸的充气时间，使制动作用缓慢。

（3）闸瓦间隙增大，延长了空走距离。

（4）制动缸活塞移动距离增大，摩擦阻力增加，缓解弹簧的反拨力增大，相对地减小了制动力，特别是减压量小时，往往不起制动作用。

35. 空气制动机的操纵原则是什么？

（1）运行中尽量避免不必要的制动，必须制动时也应尽量减少制动次数。

（2）制动时保持均匀速度，以避免和减小列车冲动。

（3）非必要时不使用紧急制动。

36. 制动减压排风未完为何不能追加减压？

制动减压排风未完就进行追加减压，等于施行了一次大减压，列车将因制动力过强而增加冲动，同时也说明操纵者观测制动距离的能力差。

37. 追加减压量为何不应超过第一次减压量？

追加减压量超过第一次减压量，列车制动力急剧增强，不利于平衡操纵。

38. 轨道车进正线停车采用一段制动时应注意什么？

（1）第一次减压量应大于 50 kPa，而且应找准制动时机。

(2)需追加减压时，第一次须在初次减压排风结束 15 s 后施行，第二次追加应间隔 6 秒以上施行。如间隔时间过短，个别三通阀作用不灵活时，易产生紧急制动。

(3)追加减压量不得超过初次减压量，累计减压量不得超过最大有效减压量。

(4)施行保压停车(减压量不足 80 kPa 停车时，停车后应进行追加，使累计减压量超过 80 kPa)，开车前再缓解。

39. 轨道车进侧线停车采用两段制动时应注意什么?

(1)进站道岔前，须待速度适当时才能缓解，严防充风不足。JZ-7 型制动机单独缓解机车制动时，每次不得超过 30 kPa，停车前，机车制动缸压力不能低于 50 kPa。

(2)制动后速度降至 10 km/h 以下时一般禁止缓解，以防抻钩。

(3)施行保压停车。减压量不足 80 kPa 停车时，停车后应进行追加，使累计减压量超过 80 kPa，以防因轻微减压车辆不易缓解。

40. 列车为何要施行保压停车?

列车施行制动时，因前后车辆制动时差的关系，车钩缓冲弹簧呈不规则的压缩或伸张，施行缓解停车，车辆将发生冲动，因此须保压停车。

为便于下次起车，自阀手把中立位停车后，可经 10～20 s 再行缓解，这样可使车钩呈半压缩状态。一般列车停车后不采用这种方法，以防后部车辆折角塞门关闭不能及时发现。

41. 牵引全部空车或全部重车时如何使用制动机?

空车惰力小，制动率大，运行中应尽量在较短距离内使列车达到需要的速度。施行制动时，要早减压，少减压，以防冲动和抻钩。

重车惰力大，制动率小，运行中应控制速度。制动时减压量应大一些，以免因制动力小，速度不能迅速降低造成事故。

42. 牵引空车在前，重车在后的列车时如何操纵？

空重车制动力不一致，施行制动时应早减压，少减压，根据情况再追加。

43. 牵引重车在前，空车在后的列车时如何操纵？

这种混编列车后部车辆制动力大于前部车辆，制动时将引起列车车钩伸张的冲动，尤其低速制动，因摩擦系数增大，前后车辆减速时差大，冲动更为明显，严重时能造成抻钩事故。为此，制动时应早减压，减压量应适当。

JZ-7 型制动机还应在制动管排风的同时，用单阀适当增加机车制动力；缓解列车制动时，机车的缓解应晚些，列车全部缓解后再加速，切勿充风不足而加速又过急，造成后部车辆未完全缓解而抻钩。

44. 长大下坡道上制动机使用时应注意哪些？

(1)列车进入长大下坡道前，必须按规定进行制动机全部试验和持续一定时间的保压试验。

(2)运行中，随时注意各风表压力的显示及空气压缩机工作情况。

(3)缓解列车制动时，应将自阀手把推至缓解位，以加速充风，禁止用保持位充风。

45. 试述列车通过慢行处所时使用制动机的方法

在慢行处所前就应施行制动，列车降至限速前，须立即缓解(过限速地点时须防缓解过早)，列车原则上应在缓解状态下通过慢行处所，(大下坡道时除外)严禁超速。

46. 运行中，常用制动车辆产生紧急制动时，应如何处理？

此时须待列车停车后再进行缓解。禁止立即缓解。

JZ-7 型制动机如已知有此现象，施行常用制动自阀减压的同时，用单阀增加机车制动力，到达前方站停车后，会同有关人员检查处理。

第三节　轨道车的保养

1. 轨道车的保养分为哪几种？

轨道车的保养分为日常保养、定期保养、走合期保养及换季保养。

2. 什么是日常保养？

日常保养是轨道车在每天或出乘前后，由司机按规定项目进行以清洁，紧固、调整、润滑为主要内容的预防性日常检查工作，以使车辆经常保持良好的工作状态。

3. 日常保养的主要项目有哪些？

(1)清洁车身内外、车窗玻璃、电气设备和底盘各部；

(2)检查灯光、仪表、刮雨器、喇叭、撒砂器：

(3)检查水散热器、油箱及油管、水管、空气制动管路密封；

(4)检查冷却水、燃油、润滑油、蓄电池蒸馏水是否充足；

(5)检查各部连接螺栓、连接销以及防松用的开口销、保险垫；

(6)检查和调整发动机水散热器风扇皮带、发电机皮带、空气压缩机皮带的松紧度；

(7)检查轴箱弹簧；

(8)检查踏梯及门扶手，调车扶手和其他辅助扶手的紧固情况；

(9)检查手制动机的工作情况；

(10)检查闸瓦磨损情况，必要时调整闸瓦间隙。

4. 什么是定期保养？定期保养有何要求？

定期保养是指轨道车按规定的间隔时间、项目进行以全面检查、调整、紧固、润滑和排除不正常状态为主要内容的定期检查工作。

重型轨道车定期保养周期为2 000～3 000 km(功率小于220 kW的为2 000～2 500 km或一个季度;功率大于220 kW的为2 500～3 000 km或一个季度)。

5. 定期保养的主要项目有哪些?

(1)包含日常保养的内容;

(2)清洁空气滤清器、空气压缩机滤清器;排除风缸、均衡风缸、油水分离器中的积水和油污;

(3)检查发动机、变速箱、换向分动箱、车轴齿轮箱的润滑油;必要时添加或更换;

(4)检查各种皮带的磨损情况,必要时调整或更换;

(5)检查发动机、变速箱、换向分动箱、车轴齿轮箱的悬挂支承及安装紧固螺栓;

(6)检查传动轴的万向节、十字轴及花键磨损情况;

(7)检查主车架有无裂纹和变形;

(8)检查油压减振器的安装紧固及工作情况;

(9)检查蓄电池的电液比重;

(10)检查车钩的磨损情况及车钩与车架连接的紧固螺栓;

(11)检查车钩高度,排障器高度及更换排障器胶皮;

(12)检查水散热器的散热效能,必要时清洗冷却系;

(13)检查车轴齿轮箱悬挂装置和传动轴角度,必要时予以调整;

(14)检查车棚是否有锈蚀,油漆是否有脱落,必要时补漆;

(15)消除所发现的故障及不正常现象。

6. 什么是走合期保养?走合期保养有何要求?

(1)对新制或大修后的重型轨道车,须进行走合期保养。

(2)新制或大修车辆的走合里程为1 000 km。

(3)在走合期内,应加强保养,随时检查,及时消除不良现象。

(4)轨道车辆在走合期内的运行中,应降低牵引重量30%,如在长大坡道上行驶,应再适当减载。

走合期满后,提前进行一次定期保养,同时更换各总成润滑油。

7. 什么是换季保养?换季保养有何要求?

(1)为确保轨道车的正常使用,在季节温度变化时,须进行换季保养。

(2)进行换季保养时,应结合定期保养进行。

(3)按规定用不同黏度的润滑油(夏季换用高黏度的润滑油,冬季换用低黏度的润滑油),并调整蓄电池电解液的密度。

第八章　应急故障处理

第一节　康明斯柴油机常见故障处理

康明斯柴油机的结构尤其燃油供给系统与一般柴油机不同，因此其故障产生的原因及排除方法亦不同。即使是康明斯柴油机，由于系列不同，其故障也略有差异。康明斯柴油机主要的故障现象、故障产生的原因和排除方法见表 8-1。

表 8-1　康明斯柴油机主要故障现象、原因及排除方法

现象	故障原因	排除方法
1. 有负载时大量冒黑烟	1. 进气不通畅	1. 检查进气道是否损坏或阻塞。予以修复
	2. 排气背压太高	2. 在有负载的情况下，检查并校正排气背压
	3. 在气候炎热或海拔高的地区，空气稀薄	3. 气候条件对柴油机有影响，空气稀薄时应减少负载
	4. 涡轮增压器压缩机脏污	4. 清洗或更换增压器。检查增压器中有无污物
	5. 泄放阀堵塞	5. 清洗或更换泄放阀
	6. 燃油质量低劣	6. 按康明斯柴油机燃油技术标准 3379001 通告检查燃油
	7. 输油管道受阻	7. 输油管道中有异物或管道损坏。清理修复
	8. 喷油器喷油孔堵塞	8. 检查喷油器。清洗并调整
	9. 后冷却器堵塞(空气端)	9. 检查后冷却器通向交换器出口处。清除后冷却器的污物和油泥
	10. 喷油器喷油室的尺寸不对	10. 参照柴油机技术规格中规定的喷油器喷油室尺寸校正
	11. 喷油器喷油室破裂	11. 拆下喷油器和喷油室。更换破裂的喷油室。调节喷油器

续上表

现象	故障原因	排除方法
	12. 油泵校准不正确	12. 参照相应的油泵校准手册所规定的技术要求进行校准
	13. 喷油器流量不正确	13. 检查喷油器的O形环、喷油室、柱塞滤网和喷油器流量，更换损坏的部件
	14. 密封垫漏气	14. 检查环是否磨损，通气管是否破裂，或通气阀是否损坏。予以修复
	15. 气门漏气或调整不正确	15. 拆下排气歧管，再检查柴油机的噪声。拆下汽缸盖。修理气门，再调整气门
	16. 活塞环断裂或磨损	16. 拆下排气歧管，找出破损的活塞环，予以更换
	17. 柴油机超修程使用	17. 检查柴油机运行的里程数和工作小时数按规定进行大修
	18. 气门和喷油正时不正确	18. 重新调整气门正时和喷油正时
	19. 喷油器需要调整	19. 进行必要的调节
2. 不能启动（启动系能正常工作）	1. 燃油量不足	1. 将清洁燃油加入油箱，注入滤清器和燃油泵
	2. 断流阀出故障	2. 转动手控超越控制开关，试引启动。检查有否断线，接线端是否松脱。检查电磁铁是否接通电源。检查有无污物。
	3. 进油口堵塞或漏气	3. 检查滤清器有无污物，接头和软管是否上紧，有否阻塞
	4. 进气管堵塞	4. 检查并清除空气滤清器和进气管路脏污
	5. 燃油质量差	5. 检查燃油是否混浊。如有必要更换燃油
	6. 空燃比控制器（AFC）无空气调节螺栓，校准错误	6. 检查无空气螺栓调节，按规定校准
	7. 燃油泵故障	7. 检查齿轮泵驱动轴是否断裂。如断裂，更换驱动轴
	8. 气门/喷油器调节不当	8. 检查气门/喷油器有无污物或损坏。按照技术规格调整
	9. 喷油器故障	9. 检查O形环，如有损坏即予更换。检查滤网有无污物。清洗滤网或更换

续上表

现象	故障原因	排除方法
3. 启动困难（起动系工作正常）	1. 燃油滤清器堵塞	1. 卸下滤清器，把滤清器中的油液倒入干净的容器里。检查油液中有无污物和水分。安装新的滤清器
	2. 燃油软管漏气	2. 检查软管接头及连接件是否装配紧固。在燃油泵进油口处装置一个观察孔以察看系统内存在的气泡。必要时予以修理
	3. 输油管不通畅	3. 检查各油管，如有弯曲变形、破裂、接头松脱、管道松动等，子以修复或更换
	4. 进气不通畅	4. 检查滤清器、管道和涡轮增压器。增压器应清洁，不得有污物。务使增压器叶轮转动灵活
	5. 空燃比控制器无空气口闭塞	5. 把无空气螺栓退出 1/4 转，试行启动柴油机，重新调节螺钉
	6. 排气受阻	6. 检查涡轮增压器，如有污物或损坏，予以修复
	7. 密封垫漏气	7. 检查进排气歧管，有否因柴油机的高温影响而变色
	8. 燃油质量低劣	8. 检查燃油是否混浊。如有必要，更换燃油
	9. 燃油中含有水	9. 更换燃油，调换所有滤清器，装设燃油加热器
	10. 齿轮泵故障	10. 把燃油注入齿轮泵到油箱之间的输油管路，检查油泵抽油性能，如能抽油，说明油泵是正常的，如故障应更换
	11. 气门与喷油器正时调节不正确	11. 检查气门间隙以及喷油器行程，修复故障零件。按技术规格调整气门和喷油器
	12. 喷油器故障	12. 检查 O 形环、滤网、喷油室和柱塞的损坏情况，并加以修理
	13. 凸轮磨损	13. 检查凸轮轴上喷油器的凸角，如果凸角不符合技术规格，则更换凸轮轴

续上表

现象	故障原因	排除方法
	14. 汽缸破裂或磨损	14. 启动柴油机,检查有否过度漏气。卸下排气歧管,检查是否潮湿。修理损坏的汽缸
	15. 喷油器喷油室破裂	15. 更换破裂的喷油室,调整喷油器
	16. 气门漏气或调整不正确	16. 检查是否漏气,调整气门间隙
4. 怠速时着不住火	1. 燃油质量低劣	1. 检查燃油中有无污物、水或其他物质,如有必要,更换燃油
	2. 怠速转速太低	2. 按技术规格校正
	3. 输油管路漏气	3. 装置观察孔 观察怠速时软管中燃油液流有否气泡。修理或更换损坏的软管
	4. 燃油管(油箱通气管)阻塞	4. 拆开并洗净或更换损坏的油管或油箱通气管
	5. 齿轮泵故障	5. 燃油管中设置观察孔,观察怠速时的油流情况。若油泵不抽油,处理油泵的故障
	6. 气门与喷油器调整不正确	6. 检查气门间隔及喷油器的动作情况,找出污物,重新调整气门和喷油器
	7. 喷油器故障	7. 检查O形环、滤网和喷口。作必要的修理
	8. 喷油器正时调节不当	8. 检查工时调节情况,按技术规格调整
	9. 凸轮轴凸角磨损	9. 用千分表检查凸轮轴。作必要的修理
	10. 汽缸磨损或活塞环断裂	10. 卸下排气歧管。检查有无受潮或积炭,进行必要的修理
	11. 涡轮增压器故障	11. 检查有无污物侵入增压器。查看叶轮是否转动灵活。查找轴承里有无污物。清洗沾污的零件,更换磨损的零件
	12. 燃油自动控制器除气室堵塞	12. 检查除气室,按规定调整
	13. 凸轮从动轴(MV)上的偏心轮松动	13. 检查凸轮轴是否磨损,如正常,则检查机械正时调节系统(MVT)有否损坏。用61～75N·m的扭矩拧紧定位螺钉

续上表

现象	故障原因	排除方法
5. 怠速时冒大量黑烟	1. 燃油泄油阀堵塞	1. 检查管道有无堵塞，疏通管道
	2. 进气不通畅	2. 检查管道是否堵塞，更换或修理进气管
	3. 燃油管道、油箱通气孔堵塞	3. 拆下管道并清洗干净，如有必要应更换燃油管道及油箱通气管
	4. 涡轮增压器故障	4. 检查涡轮增压器是否转动正常，再检查轴承有无污物，必要时予以修理
	5. 喷油器喷油孔堵塞	5. 清洗喷油器和喷油室，如果喷油室磨损，应予更换
	6. 喷油室规格不符喷油器	6. 检查喷油室的尺寸，找出正确的零件号，换上规格合适的喷油室
	7. 喷油器喷油室破裂	7. 用高温计检查排出废气的温度，更换损坏的喷油器和喷油室
	8. 汽缸机油消耗失常	8. 检查油环有无磨损。通气管是否断裂，通气阀是否损坏。有则予以修复
	9. 活塞环断裂或磨损	9. 卸下排气支管，检查汽缸有无受潮或积炭。选用汽缸用机油。修理汽缸，更换活塞环
	10. 凸轮轴的凸轮头磨损	10. 检查磨损范围，必要时更换凸轮轴
	11. 汽缸套或活塞磨损或擦伤	11. 如缸套磨损没有超过标准，还可以修复使用。参照缸套的技术要求进行修理。把缸套和活塞清洗干净，重新装配
	12. 喷油器雾化不良	12. 清洗喷油器并按技术规格进行调整
	13. 轨压开关(MVT)断开	13. 柴油机爆燃压力低于规定值。电磁铁失灵，加以修理或更换
	14. 电磁铁(MVT)故障	14. 检查金属板、衬垫O形环。如已损坏需更换
	15. 电磁阀螺钉(MVT)未上紧	15. 拧紧扭矩应达到54～61 N·m
	16. 电磁阀柱塞停留在滞后位置	16. 检查气压是否太低，导线是否断开，电磁铁是否损坏，密封件是否损坏，电磁阀螺钉是否松动，以及气压软管有无阻塞等。修理或更换有缺陷的部件
	17. 通向MVT电磁阀的气压管路阻塞	17. 检查气压管路有无污物或杂质。清洗干净。如有必要，予以更换

续上表

现象	故障原因	排除方法
6. 怠速时冒白烟过多	1. 辅助启动装置使用不当	1. 启动燃油聚积在柴油机中,检查进气支管和温度。检查电路。需要时予以更换
	2. 燃油质量差	2. 按 3379001 通告康明斯技术标准检查燃油是否合格
	3. 进气口有粗制燃油	3. 检查辅助启动装置,检查燃油自动控制器(AFC)的空气管道有否混入燃油,进气道是否沾有机油。根据情况作必要的修理
	4. 散热器百叶窗卡住	4. 检查散热器百叶窗的状况。用压缩空气清理百叶窗枢轴,并涂上润滑油
	5. 冷却液温度太低	5. 检查恒温器或热控装置是否损坏。如有必要,更换恒温器或热控装置
	6. 喷油器喷油室破裂	6. 必要时更换喷油室或喷油器体
	7. 喷油室不适配喷油器	7. 检查柴油机所用零件是否正确
	8. 气门与喷油正时不正确	8. 调节气门,按柴油机的技术规格调整正时
	9. 喷油器雾化不良	9. 按需要进行清洗和调整。检查喷油器有无磨损和破裂。柱塞顶有无损坏。更换损坏的零件
	10. 轨压开关(MVT)断开	10. 柴油机爆燃压力低于规定值。电磁铁失灵。需修理或更换
	11. MVT 电磁铁故障	11. 检查喷射孔、垫片、O 形环和滤清器等。如有必要,予以更换
	12. MVT 活塞和机架密封件损坏	12. 检查空气压力、活塞和密封件,加以校正
	13. 气动电磁阀螺钉(MVT)未紧固	13. 检查空气压力是否正确和有否断线。修复并紧固螺钉
	14. 电磁阀柱塞停留在滞后位置(MVT)	14. 气压不合适、断线或电磁铁损坏。予以修复
	15. MVT 断线或脱线	15. 检查电气线路。如有断线,应予修复
	16. 凸轮从动轴(MVT)上的偏心轮松动	16. 检查从动轴和衬套是否磨损。必要时更换零件
	17. 通向 MVT 电磁阀气压管道堵塞。	17. 检查气压管道内有无污物和杂质。清洗 MVT 电磁阀

续上表

现象	故障原因	排除方法
7. 加速时大量冒烟	1. 进气不通畅	1. 检查滤清器有无损坏或沾污,进气抑制器是否损坏,必要时修理或更换零件
	2. 排气背压太高	2. 检查有负载情况下的背压。排气管有无杂质或管的弯度过大。必要时予以修复
	3. 在气候炎热或海拔高的地区,空气稀薄	3. 减少负载来补偿海拔高造成的困难
	4. 空气滤清器与柴油机之间漏气	4. 检查所有管卡箍、接头和密封垫,按需要拧紧或更换
	5. 涡轮增压器压缩机脏污	5. 清洗或更换涡轮增压器
	6. 燃油泄油阀堵塞	6. 清洗或更换泄油阀
	7. 燃油泄油管堵塞	7. 拆下泄油管,清洗或修理
	8. 空燃比控制器(AFC)膜盒气压表故障	8. 检查气压表是否损坏,除气轨压是否调得太高,柱塞是否卡住,回流阀是否有故障,燃油是否侵入进气管等。按需要进行修理。
	9. 进气管或排气管密封垫漏气	9. 如有必要,更换进/排气管密封垫
	10. 喷油器喷油孔堵塞	10. 拆下堵塞的喷油器喷油室。清洗或更换磨损的或损坏了的零件。
	11. 喷油器喷油室的尺寸不对	11. 按该柴油机的型号检查喷油室的规格
	12. 喷油器喷油室破裂	12. 检查或更换喷油室和喷油器
	13. 油泵校准不正确	13. 按该型号柴油机的技术规格校准油泵
	14. 空燃比控制器(AFC)校准不正确	14. 核对技术规格并进行调整
	15. 喷油器流量不正确	15. 按技术规格校准喷油器质量
	16. 密封垫漏气	16. 检查活塞环是否磨损,通气管和通气阀是否损坏。予以修复
	17. 气门漏气或调整不当	17. 拆下排气歧管,检查柴油机的噪音。拆下汽缸盖。修理并调整气门
	18. 凸轮轴的凸角磨损或损坏	18. 更换凸轮轴
	19. 气门和喷油正时不正确	19. 检查有无磨损和油污。按技术规格调整气门和喷油器
	20. 汽缸套、活塞磨损或损伤	20. 检查缸套和活塞是否漏气。作必要的修理

续上表

现象	故障原因	排除方法
	21. 喷油器雾化不良	21. 按技术规格调整喷油器
	22. 推杆或凸轮从动件罩破裂或弯曲	22. 如有损坏，更换推杆和凸轮从动件罩
	23. 轨压开关(MVT)断开	23. 柴油机爆燃压力在规定值以下，电磁铁失灵。检修或更换压力开关
	24. MVT 电磁铁故障	24. 检查喷孔密封垫、O 形环和滤清器，如有必要，予以更换
	25. MVT 活塞和机架密封件损坏	25. 检查气压、活塞和密封件。按需要予以修复或更换
	26. MVT 气动电磁阀螺钉未紧固	26. 检查气压是否正常，电路有否断线。修理并紧固螺钉
	27. 气动电磁阀柱塞停留在滞后位置。(MVT)	27. 气压不合规定、断线或电磁铁损坏。予以修理
	28. 通向机械正时调节机构(MVT)的气压管路阻塞	28. 检查气压管路有否污物或异物。清洗管路
8. 加速时反应不灵敏	1. 燃油输油管道漏气	1. 找出破裂的管道、松脱的滤清器及密封垫。向供油系统加压来进行检查。作必要的修理
	2. 燃油管道或通气管堵塞	2. 检查燃油管道有无堵塞或损坏，更换或修理燃油管道或通气管
	3. 燃油中有水分或蜡质	3. 排空油箱，检查燃油滤清器和油泵有否损坏，参照康明斯公司燃油技术规格 3379001 通告号标准
	4. 空燃比控制器(AFC)校准不正确	4. 更换磨损的零件并按技术规格校准 AFC 燃油泵
	5. 空燃比控制器(AFC)柱塞密封件或柱体损坏或磨损	5. 更换磨损件并按技术规格校准 AFC 燃油泵
	6. 燃油泵校准不正确	6. 按技术规格调整燃油泵
	7. 喷油器流量不合适	7. 按技术规格调整喷油器流量
	8. ASA 堵塞	8. 按需要修理或更换 ASA(液压 ASA)拆卸并清洗
	9. ASA 或 AFC 波纹管漏进空气	9. 上紧或更换部件
	10. 密封垫漏气	10. 检查压力，更换密封件
	11. 喷油器雾化不良	11. 按技术规格调整喷油器

续上表

现象	故障原因	排除方法
9. 减速时不灵敏	1. 燃油泄油阀堵塞	1. 检查电磁铁线路，如果没有问题，打开泄油阀阀门，检查有无障碍物，修理阀门
	2. 燃油输油管道漏气	2. 检查燃油滤清器和连接件。向供油系加压来检查是否漏气更多。修理损坏的管路
	3. 输油管路或油箱通气管堵塞	3. 检查所有软管、管道、密封垫、通气管和滤清器有无堵塞。排除堵塞或更换零部件
	4. 喷油器O形环损坏	4. 更换O形环
	5. 喷油器止回阀过度泄漏	5. 更换或清洗有故障的喷油器
	6. 节气门转动杆磨损或需要调整	6. 检查磨损情况，如有必要应更换并调整传动杆
	7. 怠速弹簧装配不对	7. 查阅零件手册，找出弹簧的正确装配号
	8. 燃油泵校准不正确	8. 按燃油泵技术规格进行正确校准
	9. 密封垫漏气	9. 进行压力检查。卸下缸盖，更换密封垫
	10. 节气门传动杆调整不当	10. 重新校准燃油泵
	11. 气门调整不当	11. 根据压缩强度检查气门，按技术规格调整气门
10. 燃油油耗过高	1. 进气不通畅	1. 检查空气滤清器、进气管路和进气歧管，按需要校正
	2. 排气背压太高	2. 检查消声器有无堵塞，管路是否弯曲，按情况进行修理或更换
	3. 涡轮增压器压缩机沾污	3. 清洗压缩机零件，查出污物进入的地方，修理或更换涡轮增压器
	4. 泄放阀卡住	4. 检查连接电磁铁的电气线路；如果未发现问题，用手打开阀门，检查卡住原因，予以修理
	5. 燃油质量差	5. 参照 3379001 通告号标准中的康明斯公司燃油技术规格更换燃油
	6. 输油管道堵塞	6. 取出堵塞物。检查管路有否损坏，检查燃油泵。按需要予以修理
	7. 内输油道和外输油道漏油	7. 检查连接件和密封垫的漏油情况。修理或更换有故障的零件

续上表

现象	故障原因	排除方法
	8. 柴油机内燃油太多	8. 检查除气压力和速动轨压，如有必要，重新调整
	9. 机油油面太高	9. 检查油标尺。如油面太高，排掉过多的机油
	10. 喷油器喷油孔堵塞	10. 卸下喷油器。清洗或更换损坏的喷油器
	11. 喷油器喷油室尺寸不对	11. 按技术规格调整喷油室
	12. 喷油器喷油室破裂	12. 按需要更换喷油器和喷油室
	13. 喷油器O形环损坏	13. 更换O形环
	14. 喷油器流量不正确	14. 见喷油器流量技术标准，调准流量
	15. 气门和喷油正时不正确	15. 按技术规格调整气门和喷油正时
	16. 喷油器雾化不良	16. 按技术规格调整喷油器
	17. 燃油泵校准不正确	17. 参照该柴油机型号的技术规格
	18. 密封垫漏气	18. 检查压缩强度，更换密封垫
	19. 轴承间隙不恰当	19. 检查轴承，按该柴油机所用的正确规格进行调整
	20. 柴油机超修程使用	20. 检查柴油机的里程数和工作小时数，按规定进行大修
	21. 柴油机传动系不同轴	21. 检查柴油机架是否断裂成弯曲变形。检修损坏的部件
	22. 使用不当	22. 常用稳定车速太高，道路行驶车速太高，柴油机功率太小不适于装车使用
11. 自动熄火	1. 燃油用完或燃油关断阀切断油路	1. 检查燃油关断阀，看它是否开启，如系关闭，应予打开，检查油箱中有否燃油。如果油箱无油，则应加油。
	2. 燃油质量差	2. 参照康明斯公司燃油技术规格3379001通告号标准更换燃油
	3. 燃油输油管道漏气	3. 检查滤清器、密封垫、管道和连接件有否漏气，进行必要的修理。
	4. 外输油路和内输油路漏油	4. 对所有滤清器、密封垫、管道和连接件作外油路漏油检查，用加压办法作内油路漏油检查。进行必要的修理

续上表

现象	故障原因	排除方法
	5. 燃油泵驱动轴断裂	5. 检查驱动轴轴向间隙。从燃油泵上卸下驱动轴,更换损坏的轴,重新装配油泵。
	6. 节气门传动杆磨损或需要调整	6. 检查节气门有无磨损,是否咬住,进行校正或修理,按技术规格进行调整
	7. 怠速弹簧装配不当	7. 卸下弹簧,校正后,重装
	8. 限速器离心锤装配不正确	8. 卸下限速器,校止离心锤,重新装配
	9. 燃油中有水分或蜡质	9. 见康明斯燃油技术规格 3379001 号标准。排空油箱。更换滤清器。检查燃油泵是否损坏。
	10. 燃油泵校准不正确	10. 按该型号柴油机的技术规格校准燃油泵
	11. 密封垫漏气	11. 进行压力检查,找出漏气的汽缸。修理汽缸,更换密封垫
12. 机油油耗过高	1. 内外输油路漏机油	1. 检查压缩强度,柴油机上有否机油漏出,更换渗漏的密封垫,拧紧所有油路接头。
	2. 机油油位太高	2. 检查油标尺的刻度,如果机油油位太高,排掉过量的机油
	3. 机油级别与气候条件不符	3. 参照使用与保养手册中有关机油技术规格校准部分
	4. 汽缸机油控制故障	4. 检查各汽缸压力,修整所有压力不足的汽缸。
	5. 涡轮增压器故障	5. 检查交换器和排气罩的湿度,修理有缺陷的涡轮增压器
	6. 活塞环破裂或磨损	6. 检查汽缸有无破裂,活塞环是否磨损,换用新的活塞环
	7. 柴油机超修程使用	7. 检查柴油机运行的里程数和工作小时数,按规定进行大修
	8. 缸套或活塞磨损或擦伤	8. 作漏气检查,按需要更换缸套和活塞

续上表

现象	故障原因	排除方法
13.曲轴箱润滑油变稀	1. 内外输油路燃油泄漏	1. 检查密封垫和内外燃油管道有无渗漏，检查O形环，按需要更换有故障零件。
	2. 喷油器喷油室破裂	2. 按需要更换喷油器和喷油室
	3. 喷油器O形环损坏	3. 安装新的O形环，O形环安装前应加油润滑
	4. 汽缸机油控制失灵	4. 检查缸套和活塞环；更换或修理有故障零件
	5. 内部漏水	5. 检查密封垫，更换损坏的密封垫，检查缸盖有无铸造气孔，并加以修整
	6. 冷却液温度太低	6. 检查恒温器、水位、有无漏水。检查水泵和风扇皮带，按需要进行修理
	7. 燃油泵有缺陷	7. 供油过量。校准燃油泵
14.冷却液的温度太低	1. 恒温器故障	1. 更换恒温器
	2. 散热器百叶窗卡住不能开启	2. 检查温度传感器有无故障，如有故障，应予更换，用压缩空气清除百叶窗各叶片枢轴上的污物，并加油润滑。
	3. 冷却液的温度太低	3. 检查散热器散热容量的技术规格，检查有无泄漏，压力是否升高，恒温器热范围是否合适。
15.冷却液的温度太高	1. 曲轴箱机油太少或无机油	1. 查看油标尺的标度；检查冷却液系统有无渗漏，检查机油的黏度，按气候条件加添机油。
	2. 冷却液不足或机油泵磨损	2. 查阅散热器冷却液的推荐容量，检查水泵的渗漏、压力升高和磨损情况，或密封垫的渗漏情况，若有必要，进行修理或更换
	3. 恒温器故障	3. 更换恒温器
	4. 软管损坏或皮带松弛	4. 检查软管有无损坏；更换损坏的软管，检查皮带的磨损和张力，按需要更换或张紧皮带
	5. 外部渗漏或系统中有空气	5. 检查所有软管、接头、卡箍和密封垫是否漏气，修理损坏的零部件

续上表

现象	故障原因	排除方法
	6. 漏气	6. 检查输油软管的卡箍、接头、密封垫和加压帽,若有必要,予以更换或修理
	7. 散热器堵塞	7. 检查散热器是否损坏,散热器中是否有污物,修理散热器
	8. 水泵故障	8. 检查水泵叶轮,如果损坏,应更换水泵
16. 机油温度过高	1. 曲轴箱机油缺少或无机油	1. 检查油标尺刻度,检查冷却系统有无外部漏气,检修故障,添加机油
	2. 机油油位太高	2. 检查油标尺刻度,排掉过多的机油
	3. 冷却液不足或水泵磨损	3. 参照冷却液容量技术规格,检查可能存在的渗漏;检查水泵,若有必要,予以修理或更换部件
	4. 恒温器故障	4. 更换恒温器
	5. 软管损坏或皮带松弛	5. 检查并更换所有损坏的软管,检查皮带有无磨损,更换磨损的皮带,按技术规格张紧皮带
	6. 机油冷却器或水道堵塞	6. 用清洗溶剂来清洗机油冷却器,冲洗冷却系统并更换冷却液
	7. 外部渗漏或冷却系统中有空气	7. 检查所有软管,接头、卡箍和密封垫是否渗漏,若有必要,予以修理
	8. 冷却液太少或散热器沾污	8. 见冷却液容量技术规格,清洗散热器
	9. 百叶窗卡住,热控元件故障	9. 更换热控元件,修理百叶窗
17. 机油压力太低	1. 机油调压器故障	1. 检查调压器有无污物或磨损,清洗或更换故障的部件
	2. 曲轴箱机油油位太低或无机油	2. 用油标尺检查油位是否合适,检查有无渗漏,检查机油有无内部损失,将机油添加入曲轴箱
	3. 机油输油管道堵塞	3. 检查机油管道有无弯曲变形或破裂,修理或更换故障的油管
	4. 机油内外渗漏	4. 检查油管、接头有无机油外漏,检查密封垫有无机油内漏,检查有无铸造气孔,油泵是否有故障,维修或更换损坏的零件

续上表

现象	故障原因	排除方法
	5. 机油的级别与气候条件不符	5. 检查机油的技术规格，按气候条件更换机油
	6. 内部漏油或系统中有空气	6. 检查所有管路是否装紧，连接件有无破裂，密封垫和滤清器是否漏油，予以修复
	7. 冷却液容量太少或散热器沾污	7. 检查有关冷却液容量的技术规格，加注冷却液至合适的液面高度，清洁散热器和冲洗冷却系统，更换冷却液
	8. 机油滤清器有污物	8. 检查换一次机油所行走的里程，污物或灰尘容易进入柴油机的部位，更换滤清器，消除污物
	9. 恒温器出故障	9. 卸下恒温器，更换新的恒温器

第二节　离合器常见故障处理

1. 试述离合器打滑的现象及原因和排除方法

(1)现象

起步时动力不足，行驶中发动机转速增加，车速不能随之增加，上坡时感到没有力量等。严重打滑时，从离合器处散发出烧焦的臭味。

(2)原因

①磨擦衬片表面被油污染；

②磨擦片磨损严重；

③飞轮表面烧坏或严重磨损；

④压紧弹簧压力不够或断裂；

⑤踏板自由行程过小。

(3)排除方法

起动发动机，拉紧手制动，挂上挡，慢慢抬高离合器踏板，徐徐加大油门起步。若车身不动，发动机并不熄火，说明离合器打滑。

对此，应根据上述不同的故障原因采取检查、调整或更换等方法进行处理。

2. 试述离合器发抖的现象及原因和排除方法

(1)现象

轨道车挂上起步挡或一挡，起步时全车抖动。

(2)原因

①分离杠杆扭曲或不在同一平面上；

②分离轴承座三凸耳不在一平面上；

③压紧弹簧弹力不均匀或断裂；

④扭转减振弹簧断裂；

⑤从动盘总成上的铆钉松动。

以上原因都会引起离合器的压紧力分布不均匀，而引起离合器发抖。

(3)排除方法

让发动机怠速运转，挂上低速挡，慢慢放松离合器踏板进行起步时，如发生断续的冲击即为离合器发抖。

为了保证轨道车平稳起步，要求离合器从分离到结合时，摩擦力应逐渐均匀地增加，为此，对技术状态已变坏的机件应及时予以调整、维修或更换。

3. 试述分离不彻底的现象及原因和排除方法

(1)现象

发动机在怠速运转时，踩下离合器踏板，挂挡感到困难，变速器齿轮有撞击声，或挂挡后不抬离合器踏板，轨道车就起步或发动机熄火。

(2)原因

①踏板自由行程过大；

②分离杠杆扭曲或不在同一平面上；

③从动盘变形破裂。

(3)排除方法

一人在车上将变速杆放在空挡位置,踏下离合器踏板,一人在车下用起子推动摩擦片,若能轻轻推动,说明离合器能切断可以分离,若推不动,说明离合器切不断,不能分离。

针对以上所述原因,应根据不同情况进行调整和更换。

4. 试述离合器发响的现象及原因和排除方法

(1)现象

在使用离合器时发出不正常的噪声。

(2)原因

①分离轴承缺少润滑油,摩擦、回位弹簧过软、伸长、折断脱落。

②分离杠杆或支架销磨损松旷。

③离合器片花键槽与变速箱一轴花键齿磨损过甚。

④离合器片铆钉松动或铆钉头露出。

⑤离合器踏板回位弹簧折断、过软或脱落等。

(3)判断及排除方法

踏下离合器踏板少许,使离合器轴承和分离杠杆接触,听到“砂、砂”的噪声即是离合器轴承缺少润滑油或损坏,此时应润滑轴承或更换已损坏的推力轴承。

当踏下离合器踏板后,听到一种“哗、哗”的金属片摩擦声。把飞轮壳卸下来观察,在离合器轴承分离杆接触情况严重时,有火花出现,则说明离合器轴承磨坏或不转,应更换离合器轴承。

当刚踏下踏板或刚抬起踏板,使离合器片和压板处于要分离或要接触状态时,听到有“咔达”碰击声,则为离合器铆钉松动。或分离杆的支架销磨损松旷,若有刮击声,则为离合器片铆钉头露出、刮碰压板或刮碰飞轮。将离合器片拆下，根据情况再换铆钉或重新铆离合器摩擦片。

当踏板完全抬起时，听到噪声或间断的碰击声。就是由于离合器轴承和分离杆没有间隙或间隙过小，离合器轴承座有油污发涩而不能自由滑动，轴承回位弹簧松软、折断、伸长、脱落等。若用脚钩起踏板，声音消失、再加大油门也没有出现异响，则为踏板回位弹簧松软，折断或脱落。另外，离合器钢片碎裂，弹簧折断等也会出现一种噪声，清除油污加注润滑油，更换轴承回位弹簧。离合器钢片有碎裂等现象，应更换钢片。

第三节　变速箱常见故障处理

1. 试述变速箱发响的现象及原因和排除方法

(1)现象

变速箱内发生一种不正常的响声，发出噪声。

(2)原因

①轴承异响：变速器轴承经常要在高速、重载的条件下工作，承受着很大的交变负荷，因此滚动体与滚道往往产生严重磨损，疲劳剥落、烧蚀、破裂等现象，从而使轴承本身的轴向和径向间隙变大，这样当速度变化，负荷增大或润滑油不良时，就会由于滚动体与滚道间的撞击而产生噪声。轴承磨损松旷除本身产生噪声外，还会引起如下不良后果：

A：轴承磨损松旷多数发生在变速器第一轴和第二轴两道后轴承上，这将使第一轴与第二轴的同心度遭到破坏，使跳挡的可能性增大。

B：若第一轴前轴承磨损过于松旷，将使第一轴上常啮合主动齿轮出现“摆头”现象，这样，第一轴与中间轴轴线的平行度遭破坏，常啮合齿轮间的正常配合和印痕失常，则引起轮齿发响，产生噪声，使齿轮磨损增大，寿命降低，严重时甚至造成轮齿局部断裂。对于严重松旷或损坏的轴承,应进行修理或更换。

②齿轮啮合的异响:齿轮正常啮合间隙的破坏引起的噪音,主要是由于齿轮轮齿的严重磨损,两齿轮中心距发生变化、轴承松旷等。

A:齿轮严重磨损:齿轮在传动过程中,有正常的滑动引起的磨损是不可避免的,也有使用不当(如换挡过猛或操作不得要领,润滑不好,严重缺油等)造成齿面烧蚀。磨损成锥形、斑点、撕裂,以致轮齿表面硬层被磨掉等,均会使齿轮啮合间隙变大,啮合印痕不良,传动不平稳,产生噪声。磨损越严重,噪声越大。

B:两齿轮中心距离由于轴承松旷、壳体变形以及安装时飞轮、飞轮壳与变速器壳之间连接螺栓松紧度等发生变化,使齿轮在啮合时间隙时大时小,间隙大时,不仅会使齿轮啮合时产生噪声,而且使齿面负荷增大,间隙小时,不仅会使齿顶与齿根挤压增大,产生噪声,而目使磨损加剧。

(3)排除方法

①因缺油发生异响时,应补充润滑油至规定为止。

②因齿轮油过稀发生异响时,应更换适合季节的润滑油。

③轴承松旷或损坏,应拆下变速器,更换轴承。

④齿轮间隙过大。有均匀轻微的响声,在不影响行车安全的情况下可以使用。如某挡发生周期性响声,则表明齿轮有损坏,应更换或修理。更换齿轮时应成对更换。

2. 试述跳挡的现象及原因和排除方法

(1)现象

在车辆行驶中,变速杆自动跳回空挡位置。

(2)原因

①变速器轴承或齿轮、齿套严重磨蚀，在行驶中，由于齿轮中心位置不能固定，齿轮的轮齿磨成锥形，使在旋转受力时，产生一个轴向分力，使得齿轮跳挡而自动脱开原挡位。

②换挡叉松动、弯曲或叉端面工作面过度磨损，使齿轮不能正常工作而跳挡。

③换挡叉轴凹槽磨损，锁球弹簧软弱。使定位作用失效而跳挡。

(3)判断与排除方法

①发动后作行车试验，如在某挡跳挡时，将换挡杆挂入该挡，熄火检查。拆下变速箱盖，查看齿轮或齿套啮合情况，如齿轮啮合良好，应检查换挡机构的机件。

②用手推动跳挡的换挡叉试验止动情况，如无止动力须拆下换挡叉轴检查锁球弹簧情况，如过软、折断、换挡叉轴凹槽磨损，应更换。

③如齿轮未完全啮合，用手推动跳挡的齿轮或齿套能正确啮合时，应检查换挡叉是否松旷或弯曲，叉端与齿轮开槽间隙是否过大。将换挡杆和齿轮均挂入跳挡位置，将变速箱盖浮装在壳体上，检查换档叉与齿轮开槽位置，如不能对正时，应拆下换挡叉校正。如因换挡叉下端磨损与滑动轮槽过度松旷应拆下焊修。

④换挡机构良好，而齿轮或齿套又能完全啮合时，应检查齿轮是否磨损成锥形或轴承松旷，以及轴前后移动所致，应拆下变速器修理。

3. 试述乱挡的现象及原因和排除方法

(1)现象

变速器能挂入挡位，但却不是所需要的挡位，挂入后不易脱挡。

(2)原因

①换挡杆定位锁松旷、损坏或球轴磨损，使换挡杆失去控制能力，不能往正确方向移动。

②换挡叉轴互锁装置的球槽、钢球、横销等磨损过甚，失去了互锁作用。

③换挡叉导块开槽或换挡杆下端工作面过度磨损，使换挡杆不能准确地挂入挡位。

④第二轴上止动卡环未装或退出，齿轮在轴上任意移动。

(3)判断与排除方法

①变速杆如能任意摆动，能转成圈，即为变速杆定位销折断失去控制作用。如摆动很大，说明定位销磨损而引起乱挡，拆下换挡杆检查定位销，如松旷或损坏应更换。

②不能挂上所需要的挡位。变速杆位置稍有不对，就挂入另一个挡或越出变速拨叉槽到外边；变速杆任意摆动，可能是变速杆下端的工作面磨损；若能同时挂上两个档位，是联锁装置作用时间过长，叉轴、钢球、横销等磨损过甚，失去了联锁作用而引起乱挡。拆下变速杆检查下端工作面，如磨损过甚应焊修。换挡杆弹簧折断应更换。因叉轴、钢球、横销磨损而引起的故障应焊修、镶套或更换钢球横销等。

③若第二轴上止动卡环未装或退出，应装好卡环和紧固或更换固定螺母。

4. 试述变速杆抖动的现象及原因和排除方法

(1)现象

变速杆挂入某挡位后，变速杆不停地抖动，使“跳挡”的可能性增大

(2)原因

①变速叉与齿轮环槽不垂直。造成两者配合无间隙，这

样当齿轮旋转时，使叉与齿轮环槽擦碰而造成变速杆移动。

②滑动齿，轮套齿与轴键槽磨损松旷，径向间隙较大。在齿轮传力时，也会引起变速杆抖动。

③定位球与壳体孔间隙过大，以致当变速器工作时，定位球随同变速叉轴在壳孔内前后窜动。从而引起变速杆的前后抖动。

5. 试述换挡困难的现象及原因和排除方法

(1)现象

变速杆不能挂入挡位，或者勉强挂入挡位后又很难退挡。

(2)原因

①变速叉轴弯曲。

②变速叉端头严重打毛。

③封存或长久没有用过未及时保养，以致变速叉轴严重锈蚀，使变速叉轴无法作轴向移动。

(3)判断及排除方法

将变速器盖打开，检查变速叉端头、轴销是否锈蚀。若有排除之，校正叉轴。

6. 试述变速器漏油的现象及原因和排除方法

(1)现象

变速器壳前后有油迹。

(2)原因

①变速器各连接部分螺栓松动或衬垫不严、损坏而漏油。

②变速器油封或凸缘磨损漏油。

③变速器各轴端与座孔松旷而漏油。

(3)判断及排除方法

①擦净油迹检查，如各连接螺栓松动，应旋紧，衬垫损坏

应更换。

②拆下凸缘检查漏油原因。

③如凸缘磨损成沟槽应焊修或镶套修复。

④如油封损坏应更换，若表面良好而弹簧失效，应将弹簧剪短，使其拉力增强后装回使用。

⑤如各轴端漏油，应拆下变速器分解检查，如轴磨损应镀铬修复或更换新轴，座孔磨损应镶套修复。

第四节 换向分动箱常见故障处理

1. 试述换向分动箱发生异响的现象及原因和排除方法

(1)现象

换向箱部位有异响或噪声太大。

(2)原因

①齿轮及轴承严重磨损或损坏；

②轴承轴向游隙过大；

③差速器联接螺栓松旷；

④有相互干涉的运动件。

(3)排除方法

①齿轮及轴承严重磨损或损坏时应予检查、更换；

②轴承轴向游隙过大时需调整、控制游隙为0.2～0.3 mm；

③差速器联接螺栓松旷时需紧固并锁好；

④有相互干涉的运动件时需检查并排除。

2. 试述换向分动箱温度过高(温升超过55℃)的现象及原因和排除方法

(1)现象

用手摸换向箱外壳，觉得烫手。

(2)原因

换向箱在使用过程中会产生一定热量发热是正常的，但温度过高则不属正常现象。

①回油孔不畅或堵塞；

②轴承轴向游隙过小；

③润滑油量不够；

④润滑油变质或牌号不对；

⑤输入端迷宫密封动环与固定环相接触或轴头压紧螺母松动。

(3)排除方法

①回油孔不畅或堵塞时应进行疏通；

②轴承轴向游隙过小时应调整轴承轴向游隙在 0.2～0.3 mm 之间；

③润滑油量不够时应予添加；

④润滑油变质或牌号不对时需更换、使用正确牌号的润滑油；

⑤密封环间隙调整，径向为 1.5 mm，轴向为 2.5 mm，轴头压紧螺母须锁紧。

3. 试述脱挡的现象及原因和排除方法

(1)现象

当换挡操纵杆在某方向行驶位置时，轨道车一起步，操纵杆就自动退至空挡位，使轨道车无法行驶。

(2)原因

①换向气缸和气路泄漏；

②换向拨叉定位弹簧不起作用；

③定位杆上凹槽磨损严重。

(3)排除方法

①换向气缸和气路泄漏时应检查、更换密封件；

②换向拨叉定位弹簧不起作用时需更换定位弹簧；

③定位杆上凹槽磨损严重时需更换定位杆。

4. 试述换向机构不动作的原因和排除方法

(1)原因

①换向气缸和气路漏气；

②拨叉定位螺栓脱落或松旷；

③换向电磁阀损坏。

(2)排除方法

①换向气缸和气路漏气时应检查、更换气缸气路密封件；

②拨叉定位螺栓脱落或松旷时需紧固并锁住；

③换向电磁阀损坏时需修理或更换。

5. 试述输入轴转动而输出轴不动的原因和排除方法

(1)原因

①换向齿轮处于空挡位置；

②输出轴斜齿轮紧固螺栓切断；

③差速器联接螺栓切断或十字轴折断。

(2)排除方法

①换向齿轮处于空挡位置时需查明原因并排除。

②输出轴斜齿轮紧固螺栓切断时须更换损坏部件，重新紧固并锁住；

③差速器联接螺栓切断或十字轴折断时须更换。

6. 试述泄漏的原因和排除方法

(1)原因

①输出轴漏油；

②输入轴漏油；

③回油不畅。

(2)排除方法

①输出轴漏油时应更换老化、损坏的油封；

②输入轴漏油时应调整迷宫密封的间隙；

③回油不畅时进行回油孔疏通。

第五节 车轴齿轮箱常见故障处理

1. 试述车轴齿轮箱发生异响的现象及原因和排除方法

(1)现象

①车速越高,噪声越大,在滑行时,响声消失或减小。

②车辆在急剧改变车速时,听到齿轮箱发出“格啦、格啦”的碰击声。

(2)原因:

①润滑油中杂有异物;

②轴承轴向游隙过大;

③轴头压板螺栓或螺母松旷;

④螺旋锥齿轮啮合侧隙太大或齿面有硬点;

⑤轴承或齿轮损坏。

(3)排除方法

①润滑油中杂有异物时应对润滑油进行过滤或更换;

②轴承轴向游隙过大时增减调整垫厚度;

③轴头压板螺栓或螺母松旷时需对各轴向紧固件重新紧固;

④螺旋锥齿轮啮合侧隙太大或齿面有硬点时按技术标准调整侧隙,修磨硬点区域;

⑤轴承或齿轮损坏时应检查、更换。

2. 试述车轴齿轮箱温度过高(温升超过 55℃)**的原因和排除方法**

(1)现象

用手摸车轴齿轮箱,有烫手感觉。

(2)原因

①齿轮油泵不供油或油道堵塞;

②回油孔堵塞；

③润滑油量不足；

④润滑油变质、不清洁；

⑤螺旋锥齿轮啮合侧隙太小。

(3)排除方法：

①清洗齿轮泵，必要时予以更换；疏通油道，清除滤网上粘附的杂物；

②回油孔堵塞时需疏通回油孔；

③润滑油量不足时需添加；

④润滑油变质、不清洁时需过滤或更换润滑油；

⑤螺旋锥齿轮啮合侧隙太小时按技术规格调整侧隙。

3. 试述车轴齿轮箱泄漏的原因和排除方法

(1)现象

在输入轴、箱体和车轴的油封处有漏油或很多油迹。

(2)原因

①输入轴迷宫式密封部位渗油；

②挡油环处渗油；

③油底壳放油孔漏油；

④油底壳密封石棉垫破损。

(3)排除方法

①疏通回油道或调整密封环间隙；

②更换密封毛毡，疏通回油道；

③油底壳放油孔漏油时需更换组合垫；

④油底壳密封石棉垫破损时需更换石棉垫。

油封磨损、损坏、硬化或装置不当而漏油，所甩出来的油迹在外面看得很清楚。漏油故障时，应先检查车轴齿轮箱油面是否过高，如不是过高造成的，在某一处漏油时，就根据情况逐一处理。

第六节 传动轴常见故障处理

1. 轨道车抖振的现象及原因和排除方法

(1)现象

轨道车行驶中,听到一种周期性的响声,并且发抖,速度越快,抖动越严重,声音越响。

(2)原因

①传动轴弯曲变形;

②传动轴两端万向节叉的相对位置不正确;

③万向节十字轴轴承和传动轴花键磨损严重;

④动平衡片脱落。

(3)排除方法

①传动轴弯曲变形时需进行冷压校正新的平衡;

②传动轴两端万向节叉的相对位置不正确时应重新装配;

③万向节十字轴轴承和传动轴花键磨损严重时需更换;

④动平衡片脱落时需重新校验动平衡。

2. 传动轴异响的现象及原因和排除方法

(1)现象

轨道车起步时车身发抖,并听到有“格啦”的撞击声,在改变车速时,特别是缓速时,响声更加明显。

(2)原因

①传动轴弯曲变形;

②万向节、十字轴、滚针轴承严重磨损;

③传动轴花键松旷。

(3)排除方法

①传动轴弯曲变形时需进行冷压校正新的平衡;

②万向节、十字轴、滚针轴承严重磨损时更换万向节;

③传动轴花键松旷时及时润滑或更换。

第七节　车架、走行部分常见故障处理

轨道车运行时摇晃，整车跳动的现象及原因和排除方法是什么

(1)现象

轨道车在运行时摇晃严重，尤其是侧线通过道岔部位最为严重。有些是上下跳动严重。

(2)原因

①导框前后间隙过大，这时易发生轨道车左右晃动。

②前，后、左、右间隙都过大，轨道车既窜动又晃动。

③圆柱弹簧有损坏，容易使轨道车跳动

④拉杆折断。

⑤弹簧托架损坏。

⑥液压减振器失灵。

⑦拉杆定位的拉杆头磨损过甚或橡胶垫丢失损坏。

⑧安装不正确。

⑨横向拉杆损坏或磨损。

(3)排除方法

①调整好导框衬板与车轴轴承箱间的前后间隙和左右间隙。

②检查拉杆、弹簧是否损坏或有无异常情况。

③修理液压减振器。

④检查拉杆定位的二拉杆的橡胶垫，有横向拉杆同样也要检查。

⑤重新按要求装配。

第九章　防寒与防火

第一节　防　　寒

1. 试述防寒过冬的重要性及有关规定

冬季由于气温过低，环境恶劣，季节性事故容易发生，严重威胁铁路运输安全。为此必须强化过冬防寒意识，做好过冬前的防寒准备工作，杜绝季节性习惯性事故发生。

防寒期定为每年 11 月 15 日起至次年 3 月 15 日止，各地可根据当地气温情况适当延长或缩短。

使用单位在每年入冬前要组织专人对乘务员进行培训及考试，不合格者不得上岗。以加强防寒过冬知识，提高操纵水平和故障处理能力。

2. 防寒过冬应做好哪些准备工作？

(1)使用单位要配置并及时更换燃油和润滑油、脂，当环境温度低于 5℃时，更换冬季柴油。

(2)配齐防寒被和远心集尘器、油水分离器、通风口等部位的防寒罩。

(3)准备好毡条、麻布条、铁丝、黑漆或沥青，指定专人对轨道车有关处所进行包扎。

3. 试述入冬前的整修范围与要求

(1)司机室各门窗及顶部各孔盖应完整、严密。

(2)取暖设备、空调、发动机良好。

(3)加挂远心集尘器、油水分离器、通风口的防寒罩、套。

(4)对车体外的各油、水管路及空气制动机系统管路，各排水阀进行防寒包扎。

(5)各放水阀、放油阀应畅通,开关灵活,关闭严密。

(6)检查燃油箱,防寒隔热层及外皮有无破损,破损时及时修复。蓄电池应保持清洁,各单节比重、电压应符合标准,通气孔应畅通。

(7)更换为冬季牌号的柴油、机油润滑脂等。

4. 冬季运用及操纵应注意哪些事项?

(1)发车前,应根据气温调整好百叶窗(风门)、防寒被、使柴油、机油、水温度符合规定。

(2)起动时,应根据线路和气候情况,适量撒砂,防止空转。

(3)中间站停车检查时,应重点检查走行部,并及时排出各风缸的积水。

(4)施行制动停车时,应根据减压量和线路、气候等情况,适量撒砂,以防滑行。

5. 外露管路的包扎应如何进行?

(1)准备工具及材料:

克丝钳、铁丝、毡条、石棉布〔带〕、黑油漆。

(2)包扎方法:

① 先用毡条包缠管路。

② 用浸湿后的石棉布〔带〕包扎在管路毡层外部并包紧。

③ 用铁丝每距 20~30 mm 一圈,缠绕在石棉布〔带〕外部并缠紧。每隔 10 圈左右打一防缓节。

④ 待干燥后涂上黑漆〔或沥青油〕。

6. 打温时应注意哪些事项?

(1)检查确认并做好轨道车防溜措施。

(2)启动柴油机前应检查各部,确认具备启动发动机条件。

(3)打温过程中，发动机转速不能过高，保持规定的油、水温度，并检查发动机及辅助装置的运转情况，保证状态良好。

(4)在发动机运转中，不得擅自离开轨道车。

7. 打温人员应具备哪些条件？

(1)熟知轨道车油、水管路布置情况。

(2)掌握轨道车性能，会查找和处理一般事故。

(3)熟知防火、灭火措施，会使用灭火器。

(4)责任心强，过冬防寒知识及安全措施等考试合格。

8. 试述防冻措施及解冻方法

(1)冬季，长期停留或无动力回送时，为避免冻结，应彻底放水，所有进水阀，排水阀和排水堵全部打开，关闭门窗和百叶窗，挂好防寒被。

(2)运行途中发生故障不能继续运行时，应立即关闭门窗，挂好防寒被。发动机能启动时，应使其空转或间断打温，以保持规定的油、水温度。如柴油机不能启动，应彻放水，待水温下降至规定温度下方可进行。

(3)已发生冻结时，应进行解冻。当部件和管路冻结时，可采用库内保温或浇以热水的方法进行解冻。在任何情况下，不得用明火进行解冻，对解冻后的部件应进行全面检查。

9. 蓄电池冬季为什么易发生亏电？应采取哪些预防措施？

由于冬季调整蓄电池密度后，使电池内阻增长，电压容易降低，加之冬季照明时间长，发动机冬季启机困难用电量增加，如不注意充电易造成亏电和冻结。

(1)进入冬季及时按规定将蓄电池相对密度调整为1.26～1.27。并检查测量蓄电池电解液相对密度和单节的电压、液面高度、内阻、绝缘电阻等。

(2)要着重检查抽头电池,定期与不抽头电池替换,除信号和电表照明采用中间抽头提供给 24 V 用电以外,其余一律不准从蓄电池中间抽头用电。

(3)加强对蓄电池的保养、清洁,防止漏电和自放电,小修时严格规定充放电,对个别容量不足的要及时更换。

第二节　防　火

1. 试述防火的有关规定

(1)车上严禁运送及存放汽油、酒精、液化气体等易燃、易爆危险物品,备用的润滑油脂应妥善保管。

(2)车上的灭火器具要按规定配备齐全,定期检查,确保状态良好。使用后要及时更换。乘务员要熟悉车上灭火器具的性能和使用方法。

(3)进入油库、林区或其他易燃区段时,要严格执行有关防火规定。

(4)在车上进行熔焊时,要随时熄灭火种,清除焊渣。

(5)严禁用汽油、酒精等易燃品清洗轨道车及其零部件。

(6)车上严禁用明火取暖或预热发动机及其他设备。

2. 试述防火的注意事项

车内因生产、生活用火时,必须采取防火措施。车内取暖时,选用电加热取暖器。

3. 试述灭火器的配置有何要求

车上应配备 2 个 ABC 干粉灭火器,重量 2 kg 以上。

车内必须配备灭火器具,灭火器具的放置应便于摘取。使用配属单位应按消防部门的有关规定对灭火器具进行定期检查,保证作用有效。

4. 试述防火有哪些安全措施

司机室内及靠近发动机、排气管等高温部件的处所要保持清洁，无油垢、杂物。棉丝、拖把等物品应放在固定、安全位置。司机室内严禁吸烟。

第十章 救援起复

第一节 复轨器

1. 什么叫简易起复方法?

乘务员在事故救援中使用无动力起复工具、有动力起复工具对脱轨车辆进行起复通称为简易起复方法。

2. 复轨的方法分为几种?

利用复轨器复轨、利用线路复轨、利用桥梁设备复轨、利用轨道起重机复轨、利用撬、顶方法复轨、归纳其作业方法就是拉复、吊复、顶复三种。

3. 试述简易复轨器的种类

目前轨道车辆上配备的复轨器为简易复轨器,简易复轨器分为两类:

(1)无动力(液压千斤顶)复轨器,复轨器作用原理是靠液压千斤顶的作用原理对车辆进行复轨。

(2)有动力(是借助外力的作用移动车辆使脱轨的车轮复轨)复轨器。

4. 试述起复方法和安全注意事项

(1)起复工作应由一人单一指挥,不得乱指挥和乱显示信号;

(2)事故车辆前后必须设立防护,并指定专人负责看管;

(3)采用无动力方法起复脱轨车辆一端时,另一端车轮必须加止轮器,起落、横移时用力要一致;

(4)利用杠杆推撬顶起的车辆时,应防止车辆突然下落危及人身安全；

(5)使用液压复轨器时，地基必须平稳牢固，顶部与被顶物之间应加木垫等物防滑，禁止使用铁垫，不得超负荷使用。

(6)起复中应尽量避免损坏其他行车设备。

5. 试述人字型复轨器的构造

人字型复轨器分为左右两个形状，从正面看，它的引导楞是外股长，内股短，形成“人”字形和“入”字形状，故称为人字型复轨器。复轨器上有大筋、小筋、分轮凸和穿销孔，一对人字型复轨器由“左”“右”侧两个复轨器及穿销组成，最大起复有效距离为 240 mm。

人字型复轨器外形及尺寸如图 10-1 所示。

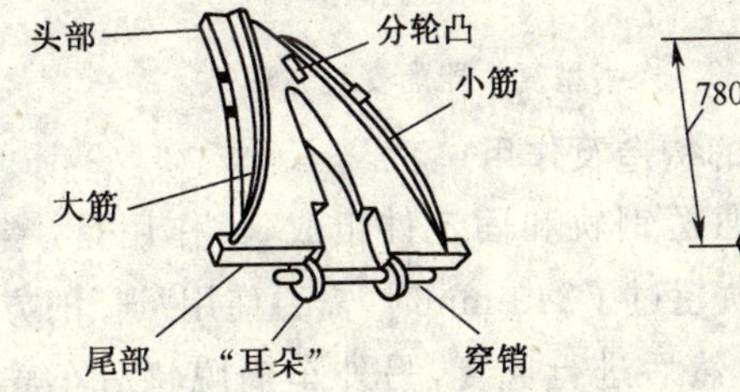

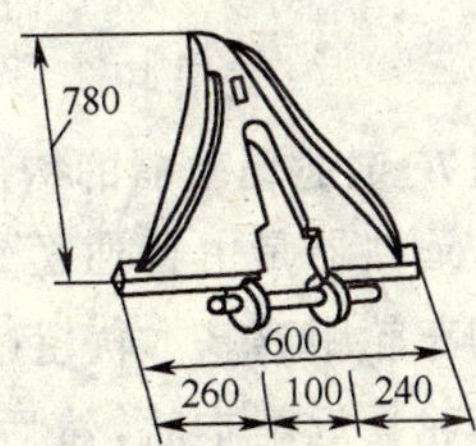

图 10-1　人字型复轨器外形尺寸

6. 使用人字型复轨器时有哪些注意事项

(1)人字型复轨器分为左右两侧两个形状，从正面看，它的引导楞是外股长，内股短，形成“左人右入”形状；使用时将长引导楞安放在钢轨外侧，短引导楞安放在钢轨内侧。

(2)使用时必须安装在拉车的前进方向，左右分开摆齐(要躲开鱼尾板)，有轨撑的要拆除，将安放复轨器尾部的石碴挖出，装好串销拧紧顶丝固定好，复轨器下部的空处用石碴，铁板等垫硬，复轨器前端与钢轨面接触处，可垫少量棉纱、沙粒、木片等物，以防使用时滑行。

(3)使用时要注意:脱轨车轮距基本轨不得超过 240 mm,如超过时,须用“拉”和“逼”的方法使车轮靠近基本轨,然后进行起复。

(4)由脱轨车轮至复轨器间用石碴、铁板等物垫好以减少起复时的阻力和损坏枕木。安装方法如图 10-2 所示。

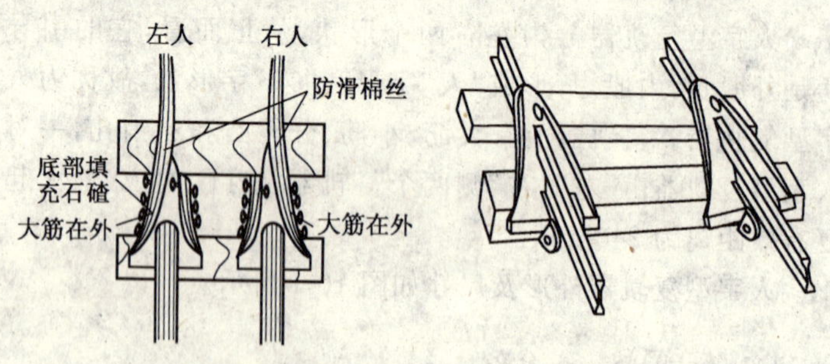

图 10-2　人字型复轨器的安装方法

7. 试述逼轨器的构造及作用

逼轨器是由普通短钢轨和固定件组成,其作用是,当脱轨的车轮距离基本轨超过了240 mm时,需要使用“逼”的方法使车轮靠近基本轨,然后进行起复,另外车辆脱轨后车轮倾斜度较大时需要借助逼轨器的作用缩小其倾斜角度。

8. 试述逼轨器的使用方法

逼轨器安装于线路中心斜向放置,一端伸至车轮内侧,另一端置于复轨器引导楞内侧,在复轨器的一端距离基本轨应留有 150 mm 的间隙,用道钉钉在枕木上或用卡子与基本轨相连接。逼轨长度为 2～4 m(没有短钢轨时可用枕木或圆木代替),遇钢枕、水泥枕无法固定时,在两枕木间加上枕木使逼轨器固定。如图 10-3 所示。

在混凝土枕上使用时,一端用钩螺丝把逼轨器同基本轨紧固在一起 ,另一端用轨距拉杆和基本轨连接即可。也可

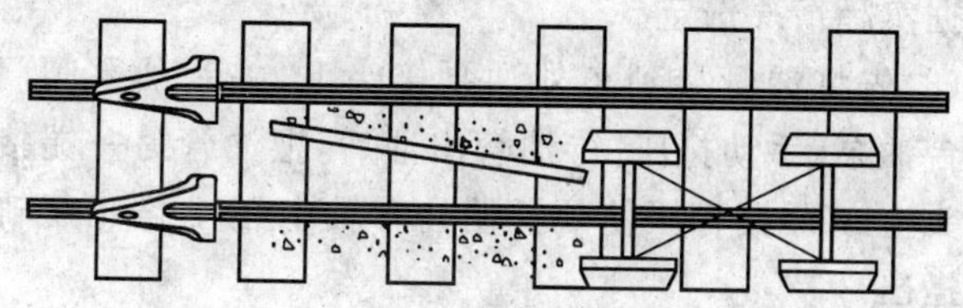

图 10-3　逼轨器的安装

以在混凝土枕间穿木枕，把 逼轨器钉在木枕上使用。如图10-4 所示。

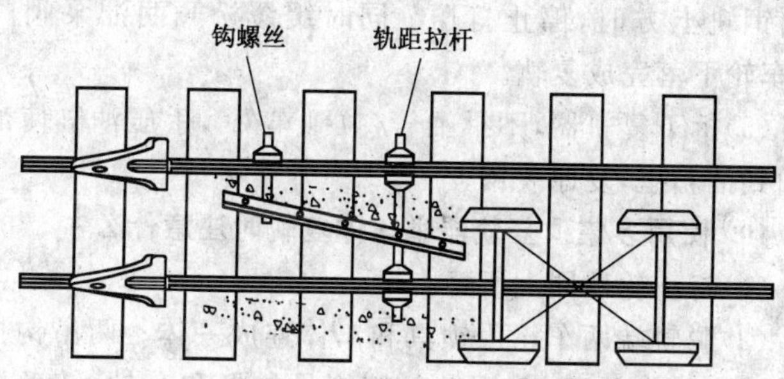

图 10-4　逼轨器在混凝土枕上的安装

9. 使用多集顶复轨器举轴复轨时应注意什么？

(1)在脱轨车辆不起复端任一车轮外侧放置止轮器，推紧打牢，防止车辆举升中向后运动。在同一车轮的内侧用特制木质止轮器，放置在车轮踏面与轨面的接触处，按止轮器的特殊结构，在举升过程中可以允许车辆有微量的向前位移，但是超过一定位移量该止轮器又必须防止车轮向前运动。

(2)根据脱轨轮轴下的实际条件，平整地面、或加调整垫木。先将已连接好的油缸两底座和拉杆平放到地面和垫木上。将两个油缸销轴分别插接在底座的销孔槽中，使两顶斜置用顶托胶接成一体，顶托弧面中心线和车轴吻合。顶轴部位根据实际情况选定。

(3)先将油管接到车外油泵接头上,关紧油泵阀门。操作两台油泵,手动打压,待油管出油后,把油管另一端接到油缸接头上，缓缓打压使顶托贴住车轴中心，摆正复轨器后人员撤出。

(4)操作两台手动油泵同时升压，脱轨车辆缓缓离开地面,逐渐接近钢轨高度时,横移方向前边的液压缸停止打压。另一台油泵继续打压,顶托重点成弧线上升并横移，至轮缘高出钢轨上方时,停止打压。同时缓缓松开两油泵阀门泄压,车轮下落完成复轨。

(5)拆下复轨器,不拆油管,拉到车外,手压油缸使油全部回到油箱里,复原装箱。

10. 使用多集顶复轨器举车体复轨时注意什么?

(1)打止轮器同上所述。

(2)脱轨端两车轮用锁具和车体连成一体。两吊钩挂在车轮上方的中梁两侧,用链条缠绕吊钩杆和车轴,链条松紧根据经验掌握。

(3)在起复中梁和端梁的接合部,使元宝座两边插销挂在工字梁的外侧面,吊挂稳定后做支撑点。

(4)若用单套复轨器能够举升车体,直接把顶托去掉活动部分,放在元宝座下部的凹槽中,按照上述顶举车轴的步骤把车体举起横移完成复轨。

(5)若必须用两套复轨器才能举起车体,就在元宝座下部凹槽处加一个大顶托,在大顶托和两套复轨器的四个缸顶端相连接,同样可以按照上述顶举车轴的步骤举车体完成复轨。

(6)复轨器部下部顺轴向加 1 200×300×60 mm(长×宽×高)垫木做底,下部加一块铁板。

11. 试述 CSZB 手油泵工作原理及过程

(1)充油:油泵开始工作,应先关闭卸荷阀(顺时针旋转)。开启放气阀(逆时针旋转)抬起压杆,使柱塞向上运动,油液由贮油箱经高、低压止回阀进入柱塞。压下压杆,柱塞向下运动,柱腔中的油液经单向阀、出油口,油管进入执行油缸,反复充油,液压油遇有外力时,油泵开始升压。

(2)升压:当压力升至 1 MPa 时,低压溢流阀开启,低压油溢回贮油箱,高压则开始工作,压力继续升高,当压力超过额定压力时(出厂压力调定 为 63 MPa),高压溢流开启,保持所需压力稳定,直至工作结束。

(3)保压:在油泵工作中由于执行油缸做功,系统能量会消耗。所以应随时摇动压杆,保持所需压力稳定,直至工作结束。

(4)卸荷:油泵工作结束,应开启卸荷阀(逆时针旋转)使液压油返回油箱,将系统压力降为零。

充油、升压、保压、实际是连续工作过程,这一过程只需摇动压杆即可完成。开始工作时,必须开启放气阀,工作结束再关闭放气阀。

12. 试述使用 CSZB 手油泵工作时安全注意事项

(1)使用油泵应在额定压力范围之内,正常情况各部不需调整,便可以充分发挥油泵性能。

(2)如油泵在工作中达不到额定范围,应在非工作状态下,将压力表接在液压油出口或执行机具上,调整溢流阀,至额定压力。

(3)油泵可用 20 号 液压油作为工作液,禁止用水、酒精、甘油等易使零件生锈的液体做工作液。

(4)工作液必须用 120 目以上滤网清洁后,方可注入油泵使用 ,并注意系统整体的清洁。

(5)严禁超压(小于或等于 80 MPa)使用油泵，不得随意调整高、低压溢流阀。

(6)工作时，应平稳摇动压杆，减压时，应缓慢拧松手轮，以免损坏压力表。

(7)各连接处拧紧后方可工作。胶管每 6 个月做一次超压实验，实验压力应低于 95 MPa，如发现胶管老化、凸起、渗漏或开裂，应及进更换胶管。

(8)油泵使用前，应将贮油箱注满工作液。注油时，油泵垂直放置，油液低于油箱上平面 20 mm 即可。工作过程中如油液不够，不准在有压力情况下注油。在有电的条件下亦可选用电动油泵，以减轻劳动强度提高工作效率。

第二节　车辆脱线起复方法

1. 车辆在桥梁上脱轨时的起复方法

在桥梁上脱轨，如接近桥头时，可将枕木之间的间隙用石片或石碴填满，将事故车拉出桥头，安装人字型复轨器进行起复。如事故车在桥头中部距离桥两头都很远时，可采取如下措施：

(1) 使用人字型复轨器时，可将事故车一端的两侧护轮轨拆除一节，再安装复轨器进行起复。如图 10-5 所示。

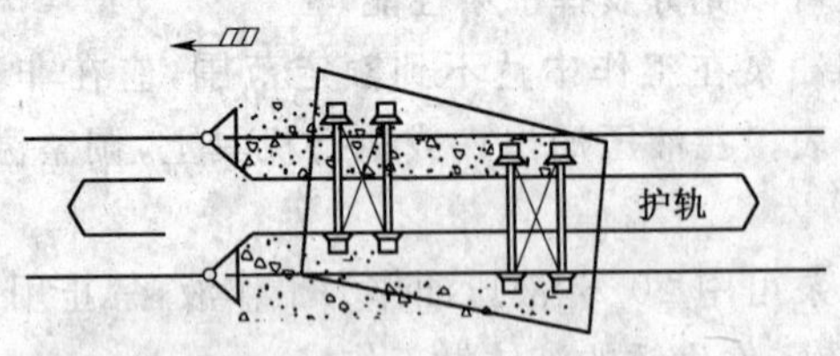

图 10-5　车辆桥梁上脱轨(1)

(2)在没有复轨器的条件下，可将脱线在基本轨内侧，脱线车轮的前节护轮轨，拆开一个接头使其靠近基本轨，注意留出轮缘厚度通过的间隙(35～40 mm)固定好护轮轨，中间填满石碴；另一侧在基本轨外侧用石片和石碴垫起稍高于轨面，即可进行起复。如图 10-6 所示。

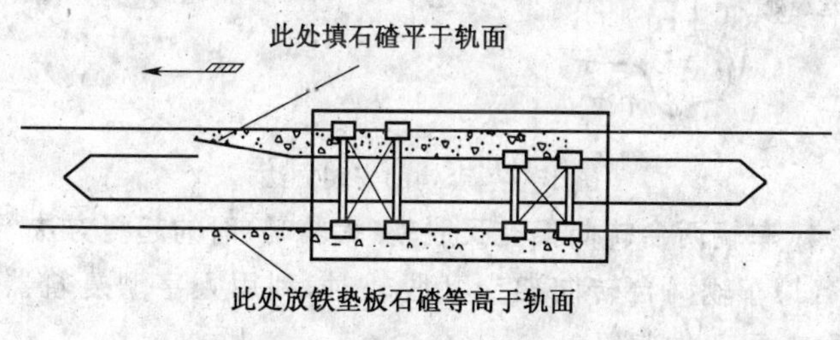

图 10-6　车辆桥梁上脱轨(2)

2. 车辆在隧道内发生脱线时的起复方法

(1)隧道内必须有充足照明设施。

(2)双线区间不影响邻线时，应安排防护人员对邻线进行防护，如起复需要侵入邻线时，应封锁邻线。

(3)脱线车辆转向架、线路未损坏且在复轨器有效复轨范围内时，应采用拉复方法起复；超出复轨器有效复轨范围时，应利用液压起复设备顶复。

(4)车辆走行部全部破损且线路损坏，可将事故车辆强行拉出隧道，再移出限界，更换转向架或装车回送。

3. 车辆的车钩损坏不能连挂时起复方法

事故车辆的车钩损坏不能连挂且需要拉复时，可使用套钩，将牵引钢丝绳一端固定在套钩上，另一端与牵引车辆的车钩相连。利用钢丝绳拉车时，必须缓慢用力，严禁猛拉，以防钢丝绳折断伤人。

在牵引车辆与起复车辆之间的适当位置应放置铁鞋一个，防止起复车辆与牵引车辆发生碰撞。套钩见图 10-7 所示。

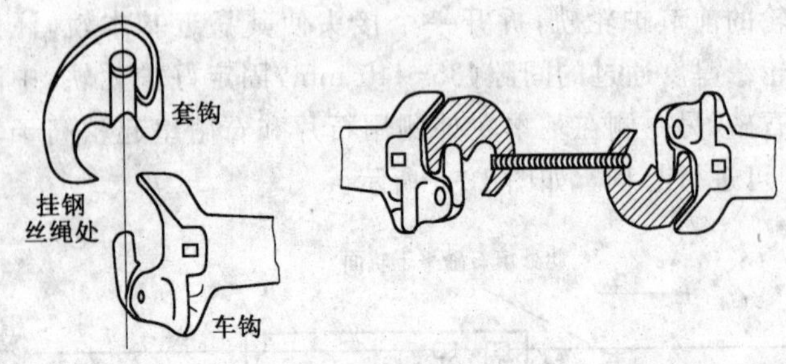

图 10-7　套钩的安装方法

4. 车辆两台转向架交叉脱轨(大骑马)时的起复方法

(1)车辆两台转向架交叉脱轨时,利用人字型复轨器最为适宜,可一次起复;

(2)如前台转向架复轨后,后台转向架未能靠近基本轨斜出较远时,可安装逼轨,逼迫脱轨车轮靠近基本轨,即可起复上道。如图 10-8 所示。

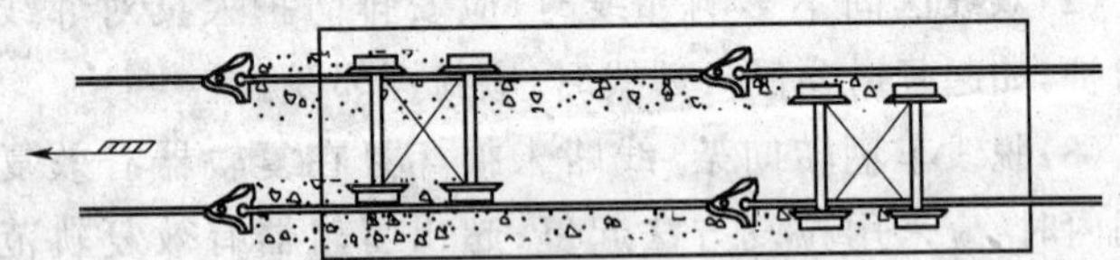

图 10-8　车辆两台转向架交叉脱轨

5. 车辆一台转向架不在线路一侧脱轨(小骑马)时的起复方法

当车辆一台转向架发生脱轨,造成车轮不在钢轨一侧时,可在一侧基本轨上反安装人字型复轨器,并在车轮前进方向填满石碴等抬高车轮,把脱轨车轮翻到钢轨同一侧后,再按正常起复方法安装复轨器起复。如图 10-9 所示。

6. 有护轮轨的道口发生脱轨时的起复方法

轨道车在道口发生脱轨,在没有其他救援工具的情况下,可利用道口护轮轨进行起复。脱轨在线路内侧的车轮可

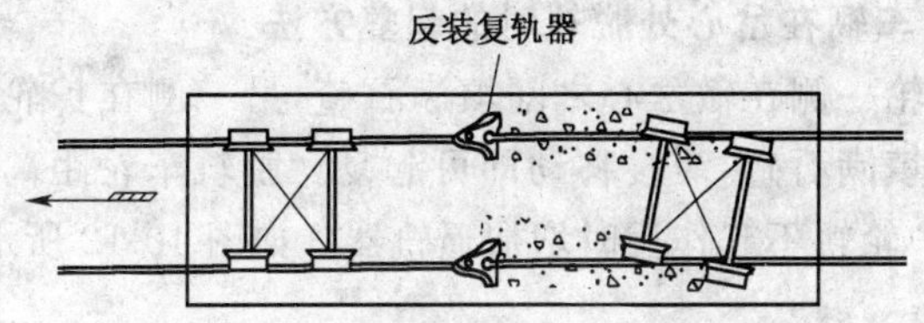

图 10-9　车辆一台转向架发生脱轨

在护轮轨前面，铺设石碴，脱轨在线路外侧的车轮可用鱼尾板或铁垫板等物垫成斜坡，使其高于外侧钢轨便可牵引起复。如护轮轨漏斗小，不能迫使车轮靠近基本轨时可在护轮轨端处增加逼轨。如图 10-10 所示。

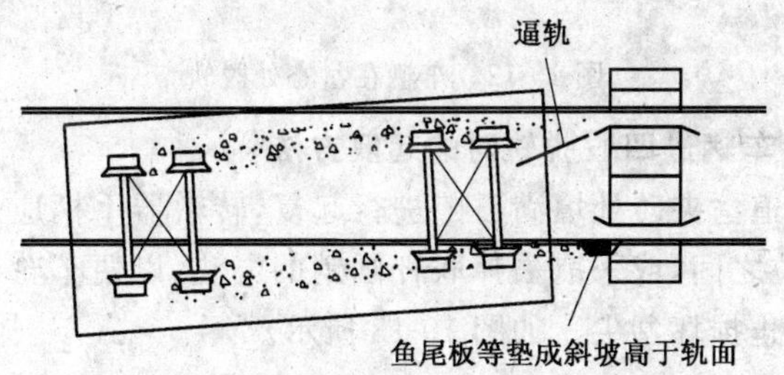

图 10-10　有护轮轨的道口发生脱轨

7. 一台转向架脱轨时的起复方法

一台转向架脱轨后，其台车脱轨后与基本轨前后平行无倾斜，在这种情况下，安装人字型复轨器，向任何一个方向拉车均可起复。如图 10-11 所示。

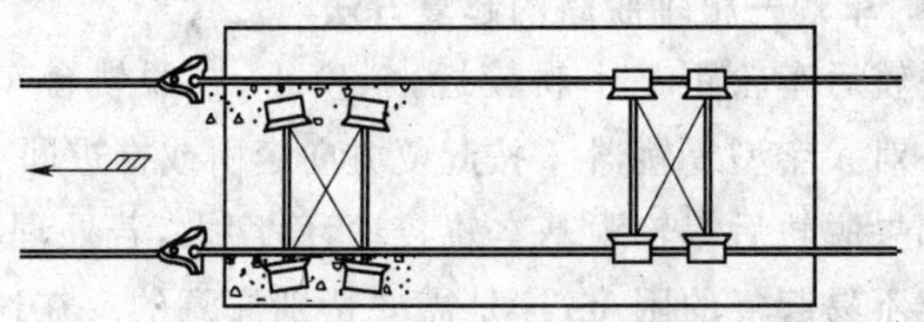

图 10-11　车辆一台转向架脱轨

8. 车辆在岔心处脱轨时的起复方法

车轮一侧在辙岔心之间填满石碴，另一侧在护轮轨与基本轨间填满石碴，缓慢移动即可起复。脱轨车轮距离基本轨较远，护轮轨不起作用时增加逼轨器。如图 10-12 所示。

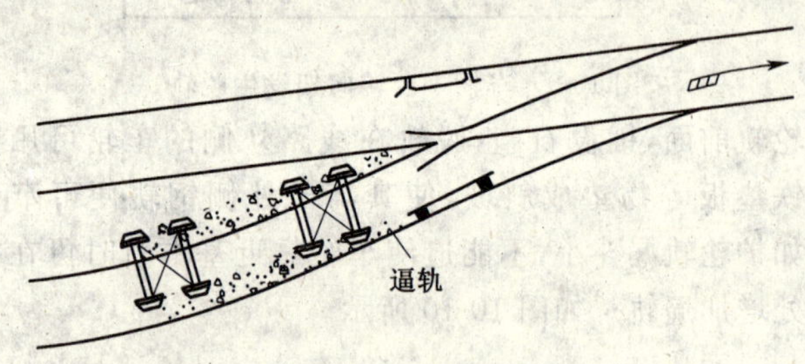

图 10-12　车辆在岔心处脱轨

9. 车辆进四股脱轨时的起复方法

在道岔夹砖处填满石碴进行起复，转辙器手柄应放于定位、反位之间，或采取去掉联杆圆销的方法，以便车轮通过道岔时防止损坏岔尖。如图 10-13 所示。

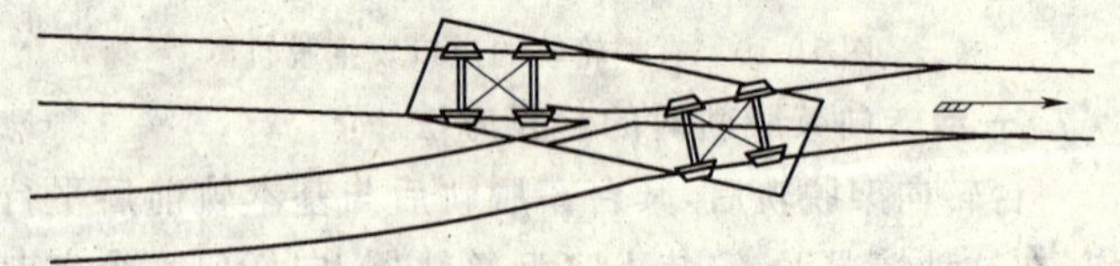

图 10-13　车辆进四股脱轨

10. 车辆一根轴脱轨的起复方法

脱轨后车轮距基本轨较近，斜度小，在脱轨台车的前方安装一对人字型复轨器，按起复方向牵引或推进即可起复。

如果脱轨后车轮距基本轨较远，斜度大，若处理不当，就会造成不易起复的困难，这是需要特别注意的。在这种情况下，直接往回牵引或推进起复，势必造成台车骑马式的脱轨

(一个台车两根轴不在线路一侧脱轨),不会复轨。遇此情况时,须将脱轨车轮牵引或推进靠近基本轨后,安装一对人字型复轨器牵引或推进起复;或是按起复方向在距脱轨车轴较远的位置安装人字型复轨器(一般情况距脱轨车轴 3～5 m为宜)牵引或推进起复;或是把本台车未脱下的一根轴继续向前运行,使它脱在脱线车轮同一侧,然后再在脱轨台车的前方安装一对人字型复轨器,按起复方向牵引或推进即可起复。如图 10-14 所示。

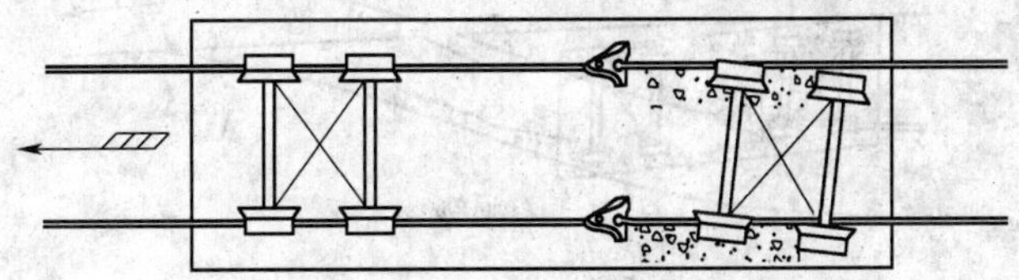

图 10-14　车辆一根轴脱

11. 车辆两个台车在曲线上脱轨的起复方法

(1)车辆在曲线上脱轨起复时,应按脱轨方向往回牵引(若救援机车在脱轨方向前方时,往回推进)起复,在两台车前方各安装一对人字型复轨器,牵引(或推进)时注意速度要缓慢。

(2)用上述方法,以一对复轨器分别起复两个台车。为防止车轮复轨后受曲线影响继续脱轨,应在曲线外轨内侧复轨器的前方安设 2 m 以上的护轮轨。如图 10-15 所示。

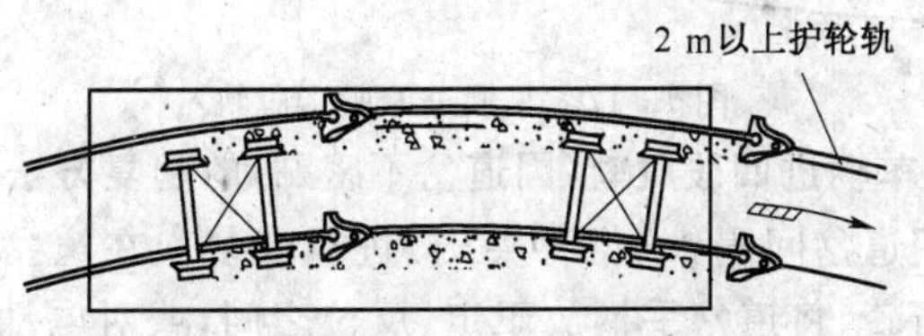

图 10-15　车辆两个台车在曲线上脱轨

12. 车辆在道岔处脱轨的起复方法

后台车在线路中心处脱轨，前台车在辙叉心处脱轨。

前台车可按车辆在岔心脱轨的起复方法起复，同时在后台车运行方向的前方右侧钢轨上装一个人字型复轨器，将后台车右侧的车轮牵引翻越到线路内侧，后台车即可按车辆在岔心脱线的起复方法起复。如图 10-16 所示。

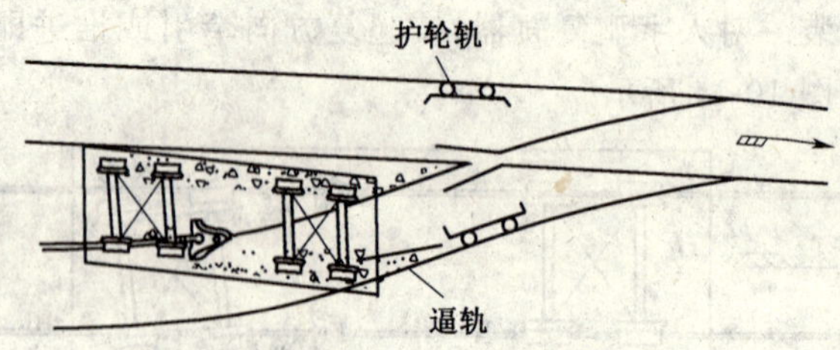

图 10-16　车辆在道岔处脱轨

13. 车辆进四股未脱轨的处理方法

车辆进四股未脱轨时，将道岔手柄放于定、反位之间，或对电动道岔采取去掉连接杆，连接销等办法，使道岔呈无机械锁闭状态，将车辆缓慢地向岔尖处牵引或推进，直至车辆两个台车进入同一股道。如图 10-17 所示。

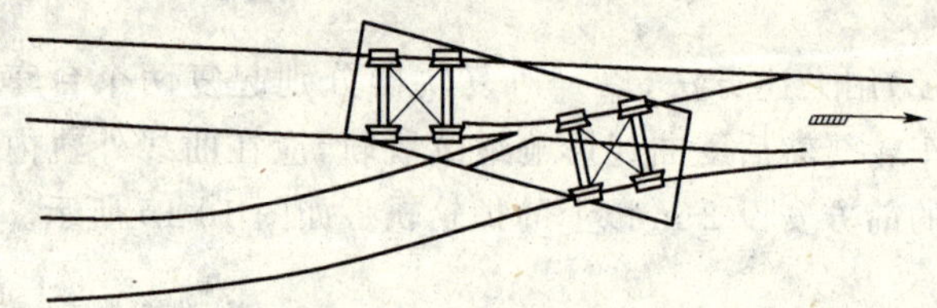

图 10-17　车辆进四股未脱轨

14. 车辆进四股脱轨（因道岔不密贴）**的起复方法**

利用道岔间隔铁（俗称夹砖）进行起复。在道岔间隔铁处填满石碴，将道岔手柄放于定、反位之间，或对电动道岔采取去掉连接杆连接销等办法，使道岔呈无机械锁闭状态，以防止车轮通过道岔时而损坏岔尖，牵引起复。如图 10-18 所示。

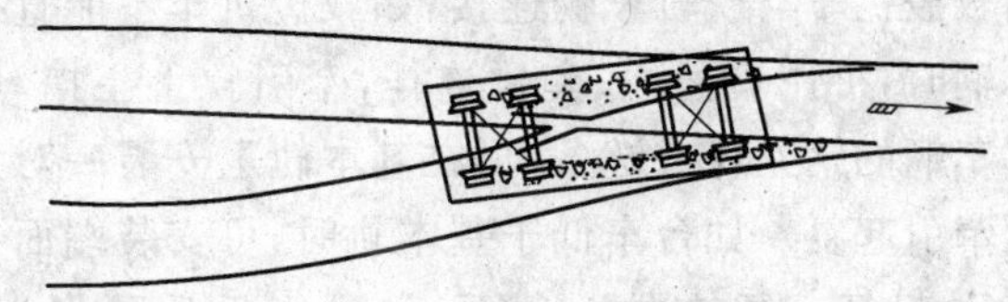

图 10-18　车辆进四股脱轨

15. 车辆跨股道脱轨(因道岔中途转换)**的起复方法**

(1)利用道岔护轮轨起复。将道岔手柄放于定、反位之间，或对电动道岔采取去掉连接杆、连接销等办法，使道岔呈无机械锁闭状态，两台车均可按车辆在岔心脱轨的起复方法起复。分别在两侧护轮轨与基本轨间填满石碴，在辙叉心之间填满石碴，将救援机车与脱轨车辆连接牵引起复。

(2)利用岔心复轨器专用工具起复(填充石碴方法与上述方法同)。将一套岔心复轨器分别安装在两侧护轮轨端处和辙叉心处，将救援机车与脱线车辆连接牵引起复。如图 10-19 所示。

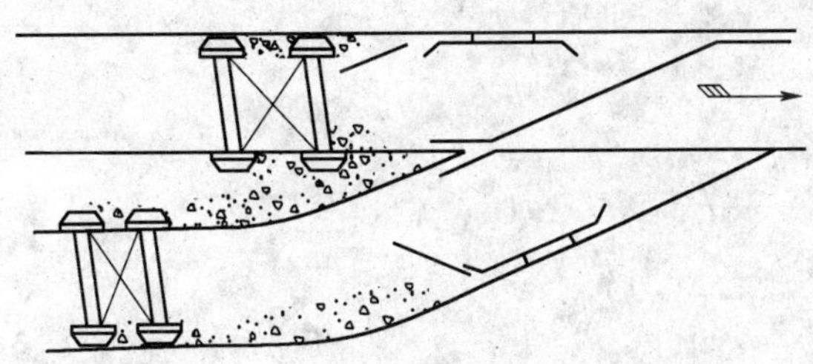

图 10-19　车辆跨股道脱轨(因道岔中途转换)

16. 车辆冲出土挡造成脱轨的起复方法

当车辆冲出土挡造成脱轨时，首先将脱轨车辆的两侧浮土清除，在车辆前方铺设铁板、木头等物或横排枕木。将脱轨车辆的车轮与本车体用钢丝绳或链条捆绑好防止拉车分离。用救援机车与脱轨车辆连接，如救援机车不能直接连挂脱轨车辆时，可用钢丝绳、套钩连挂，牵引拉上土挡，然后取下捆绑车辆的钢丝绳或链条，再在基本轨上安装一对人字型复轨器牵引起复。如台车低于基本轨时，可安装端面复轨器直接牵引起复。复轨器心盘不正，可用千斤顶顶起调整。(如重车时必须卸下货物)。如图 10-20 所示。

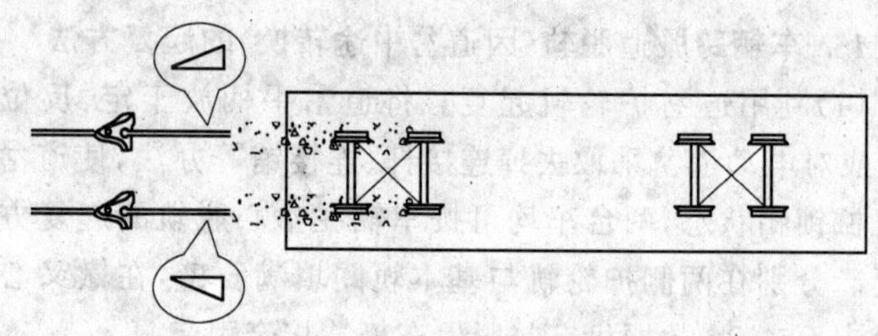

图 10-20　车辆冲出土挡造成脱轨

参 考 文 献

1. 轨道车管理规则．铁运(2007)22号部令．

2. 轨道车司机(铁路职业技能鉴定指导丛书)．北京:中国铁道出版社,2002.

3. 轨道车司机(铁路职工岗位培训统编教材)．北京:中国铁道出版社,2001.

4. 轨道车安全驾驶读本(铁路安全适应培训教材)．北京:中国铁道出版社,2003.

5. 铁路技术管理规程,中国铁道出版社．2006.

6. 黄重德,王洪义,高跃宗,常国彬,王少泉,肖世传,金星吉．内燃机车乘务员通用知识(铁路机务工人技术问答丛书)．中国铁道出版社,1987.

7. 杨兆昆,方金海,赵清,黄铭.东风4型内燃机车乘务员(铁路职工岗位培训统编教材)．中国铁道出版社,1994.

8. 杨兆昆,方金海,赵清,黄铭.东风4型内燃机车乘务员(铁路机务岗位培训统编教材)．中国铁道出版社,2001.

9. 方金海,夏建国,黄宝权,梁洪安,卿贵平,徐涛.接触网作业车轨道车全面检查程序．中国铁道出版社,2007.

10. 王和宝.车辆检修管理及运用(中等专业学校教材)．中国铁道出版社,2003.

11. 机车操作规程．铁运(2006)16号．中国铁道出版社,2000.

12. 邱及建.JZ-7型空气制动机(铁路技工学校教材)．中国铁道出版社,2002.